나는
주가지수에
투자
한다

나는 주가지수에 투자한다

초판 1쇄 인쇄 2020년 10월 8일
초판 1쇄 발행 2020년 10월 15일

지은이 | 홍성수
펴낸이 | 한준희
펴낸곳 | (주)새로운 제안

책임편집 | 이도영
디자인 | 박정화
마케팅 | 문성빈

등록 | 2005년 12월 22일 제2020-000041호
주소 | (14556) 경기도 부천시 조마루로 385번길 122 삼보테크노타워 2002호
전화 | 032-719-8041 팩스 | 032-719-8042
홈페이지 | www.jean.co.kr email | webmaster@jean.co.kr

ISBN 978-89-5533-592-7 (14320)
ISBN 978-89-5533-593-4 (15320) 전자책
ISBN 978-89-5533-591-0 (14320) 세트

이 도서의 국립중앙도서관 출판예정도서목록(CIP)은 서지정보유통지원시스템 홈페이지
(http://seoji.nl.go.kr)와 국가자료공동목록시스템(http://www.nl.go.kr/kolisnet)에서 이용하실
수 있습니다(CIP제어번호: CIP2020036057).

주식보다 안전하고
예금보다 효율적인

나는
주가지수에
투자
한다

| 홍성수 지음 |

새로운제안

고위험 고손실에서
저위험 저수익으로

고위험 고손실(High Risk High Loss)

필자는 국내 유수의 기업 및 금융 연수원에서 임직원들을 대상으로 오랫동안 '재무제표 읽는 법'과 '사업성 검토 및 기업가치 평가' 등을 강의해왔다. 강의 내용이 주로 재무와 밀접한 연관이 있다 보니, 수상생들로부터 '주식투자를 하는지, 한다면 어느 정도 투자수익을 내는지, 마지막으로 돈 벌만 한 종목을 찍어 달라는 등'의 질문을 받는다. 이때 필자는 그들에게 '어느 정도의 투자수익률을 원하는지'를 빈드시 물어본다. 왜냐하면, 수익률에 따라 추천 종목이 달라지기 때문이다.

그들의 답변을 정리하면, 주식에 투자한다면 최소 월 10% 정도는 벌어야 하지 않겠느냐는 것이었다. 즉, 투자 원금이 연간 두 배

(속된 말로 '따블')가 될 수 있는 종목들을 추천해 달라는 것이다. 심지어 자신은 돈이 급하게 필요하니, 한 달 안에 원금을 두 배로 불릴 수 있는 종목을 골라 달라고 떼쓰는 사람도 있었다. 이들에게 주식투자는 마치 고스톱에서 '흔들고 쓰리고에 광박과 피박'을 씌워야 하는 것처럼 보였다.

현재 국내 주식시장에는 상하한가 제도가 있다. 즉, 전일 종가를 기준으로 주가는 하루 동안 하한가 30%와 상한가 30%까지만 변동할 수 있다. 예를 들어 특정 종목의 시초가(전일 종가)가 1,000원이고 어떤 악재로 인해 700원까지 폭락한 가격에 매수한 후, 갑자기 뒤이어 발표되는 호재에 따라 1,300원으로 폭등한 가격에 매도할 수만 있다면, 단 하루 만에 86%의 수익을 얻는다. 국내 증시에서는 하루 동안 주가가 널뛰기하는 이런 종목들을 '작전주' 혹은 '부실주'라고 칭한다.

하루 만에 그만큼의 목돈을 쥐는 사람이 과연 있을까? 필자가 지켜본 바에 따르면 그 반대였다. 상한가인 1,300원에 욕심껏 매수했다가 하한가 700원이 되자 공포감에 휩싸여 매도함으로써 단숨에 50%의 투자손실을 경험하는 사람들이 의외로 많다. 이들에게 '고위험 고수익(High Risk High Return)'이라는 용어는 마치 '고위험 고손실(High Risk High Loss)'이라는 뜻으로 가슴에 와닿은 것 같다.

저위험 저수익(Low Risk Low Return)

이 책은 국내 주가지수에 투자하는 방법을 설명한다. 즉, 한국종합주가지수(코스피)나 코스닥지수가 미래에 상승할 것인지 아니면 하락할 것인지를 알아맞혀 보자는 것이다.

일례로 주가지수에 정비례하는 종목(예를 들어 KODEX200)을 매수하면, 코스피가 5% 상승할 때 같은 비율인 5%만큼의 투자 이익을 얻는다. 하지만 당초 기대한 바와 달리 코스피가 5% 하락하면 그만큼의 손실을 본다. 반면에 주가지수에 반비례하는 종목(예를 들어 KODEX인버스)을 매수하면 코스피가 5% 하락해야만 같은 비율인 5%의 투자 이익을 얻는다. 다만, 코스피가 상승하면 그만큼의 손실을 입는다.

현재 국내 주식시장에서는 상하한가 제도에 따라 주가지수 역시 전일 종가의 상하 30%까지 변동할 수 있다. 예를 들어 주식시장에 상장한 전체 종목이 상한가를 기록하면 주가지수는 30%까지 폭등하고, 반대로 전체 종목이 하한가를 기록하면 주가지수는 30%까지 폭락하게 된다. 그런데 국내 주식시장이 개설된 후 지금까지 주가지수가 상한가나 하한가를 기록한 적은 단 한 번도 없었다.

국내 주식시장은 주가지수의 상하변동폭이 10%를 넘는 상태가 1분간 지속되면 일단 20분 동안 주식 거래를 일시 중지시킨다. 일명 '서킷브레이커(circuit breakers, 주식매매 일시정지제도)'라고 한다. 즉, 정부가 용인하는 주가지수의 하루 최대 변동 폭은 10%까지

라는 뜻이다. 주가지수가 이처럼 급등락하는 상황은 1년에 몇 번 있을까 말까 하는 매우 예외적인 상황이다. 국내 주가지수의 하루 변동 폭을 살펴보면 상하 1~3% 수준에서 움직이는 것이 일반적이고, 크게 급등락하더라도 상하 5% 이상을 넘기는 경우는 극히 드물다.

주가지수의 등락 폭이 개별 종목의 등락 폭에 비해 적다는 것은 그만큼 투자수익률과 위험이 적다는 것을 의미한다. 주가지수에 대한 투자는 전형적인 '저위험 저수익(Low Risk Low Return)'에 해당한다. '주식투자는 수익을 최대화하는 것이 아니라, 손실을 최소화하는 것이다.'라는 격언에 걸맞은 투자수단이라 할 수 있다.

이 책의 구성

제1장에서는 주가지수에 투자해야 하는 종목에 대해 설명한다. 국내 주가지수에는 코스피(KOSPI)와 코스닥(KOSDAQ)지수가 있고, 각각의 주가지수별로 상승 혹은 하락에 베팅할 것인지로 구분된다. 그다음으로 주가지수 변동률에 1배의 수익률을 낼 것인지, 아니면 수익률을 2배로 늘릴 것인지도 선택할 수 있다. 이러한 투자 조건별로 주가지수에 투자하는 8개의 종목이 있다.

제2장에서는 '기술적 분석'이라고 하여, 차트를 보고 무작정 따라하는 몇 가지 단기 매매 기법에 관해 설명한다. 이동평균선, PMAO, MACD, RSI, 스토캐스틱, 일목균형표 등의 그래프를 활용하여 투자하는 방법이다.

제3장에서는 '기본적 분석'이라 하여, 경제 금융 동향을 분석하여 장기 추세에 올라타는 방법에 관해 설명한다. 국내 증시를 대표하는 코스피는 1980년부터 2020년까지 40년 동안 크게 4번의 추세 변동을 보였다. 그 이면에는 주가지수에 크게 영향을 주고받는 주요 경제 지표(환율, 금리, 무역수지 등)들이 변동했기 때문이다. 과거 주가지수의 추세를 변동시킨 주요 경제요인을 분석해 보면, 자연스럽게 미래의 주가지수를 예측하여 장기 추세 변동에 올라탈 수 있지 않을까 싶다.

제4장에서는 주가지수에 투자해야 하는 종목(ETF)들이 어떻게 만들어지고 없어지는지, 또한 주식시장에서 거래할 때 반드시 알아두어야 할 주요 사항과 용어들을 정리했다.

우리는 지금 개인투자자 500만 시대를 살고 있다. 경제활동인구로 보면 20%에 해당하는 사람들이 개인적으로 주식투자를 하고 있다는 것이다. 그러다 보니 주식 관련 정보도 지나치게 많아져 오히려 옥석을 가리는 데 돈과 에너지를 빼앗기고 있다. 주식에 몰려든 투자자들에게 정보를 팔아 먹고사는 인구가 그만큼 늘어났다는 것이다. 그러나 제대로 된 주식 정보를 가지고 제대로 투자하는 사람은 드문 것이 작금의 현실이다.

이 책은 개인투자자에게 주식이 아닌 주가지수에 눈길을 돌리라고 이야기하고 있다. 주식의 장점은 섭취하되 위험은 토해내는 것이 바로 주가지수 투자이기 때문이다. 더불어 이 책을 통해 투자에 대한 나름의 방향성을 세우다 보면, 경제신문과 한국 경제를 읽는 눈이 새로워질 것이고, 투자에 대한 새로운 안목이 생길 것이다. 더불어 투자수익률 증가는 자연스러운 결과로 따라올 것이다.

부디 개인투자자들이 이 책을 읽고 주가지수에 투자함으로써 손실을 줄이고 더 많은 이익을 얻는 계기가 되기를 기원하는 바이다.

저자 홍성수

차례

머리말 고위험 고손실에서 저위험 저수익으로   4

프롤로그 개인의 주식투자에는 어려움이 많다   12

 제1장 주가지수에 투자해야 하는 종목들

01 주가지수는 어떻게 계산할까?   20

02 안정성이 돋보이는 코스피   28

03 코스피200에 정비례하는 종목들   38

04 코스피200에 2배 정비례하는 종목들   47

05 코스피200에 반비례하는 종목들   54

06 코스피200에 2배 반비례하는 종목들   61

07 성장성이 돋보이는 코스닥지수   68

08 코스닥150에 정비례하는 종목들   75

09 코스닥150에 2배 정비례하는 종목들   81

10 코스닥150에 반비례하는 종목들   87

제2장 단기 투자. 무작정 따라하기

01 봉차트를 활용한 단기 매매   96

02 이동평균선을 활용한 단기 매매   106

03 이격도를 활용한 단기 매매   115

04 MACD를 활용한 단기 매매   122

05 RSI를 활용한 단기 매매   127

06 스토캐스틱을 활용한 단기 매매   132

07 일목균형표를 활용한 단기 매매   138

08 기술적 분석 종합 검토   147

제3장 장기 투자, 그 추세에 올라타다

01 코스피의 변동 사이클 알아보기　　158

02 1980~1992, 해외에서 부는 바람에 출렁이던 증시 : 무역수지와 주가　163

03 1992~1998, 외환위기로 귀결된 경제개혁 : 환율과 주가　174

04 1998~2009, 영향력이 막강해진 외국인투자자 : 금리와 주가　189

05 2009~현재, 장기화되는 저성장의 늪 : 경제성장과 주가　202

06 코스닥지수에 영향을 미치는 요인들　208

07 장기 투자에 도움이 되는 지표들　220

제4장 ETF 자세히 들여다보기

01 세 번의 펀드 열풍이 말해주는 것　234

02 주식 종목보다 더 많은 펀드 유형들　239

03 ETF는 어떻게 만들어질까?　250

04 ETF를 거래할 때 알아야 할 용어들　261

에필로그 안전하게 분산투자 효과를 누려라　280

찾아보기　285

개인의 주식투자에는
어려움이 많다

우리나라 증권가에는 '주식에 투자하는 개인 중에서 단 1%만 이익을 보고 94%는 손실을 본다. 나머지 5%는 쫄딱 망한다.'라는 우스갯소리가 있다. 왜 개인투자자들은 주식에 투자하면 손해를 볼까?

개인투자자들이 주식에 투자하면서 여러 가지 문제점에 부딪히기 때문이다. 크게 두 가지의 큰 문제점에 대해 살펴보자.

투자 종목을 고르는 문제

우리나라 주식시장에는 약 2,000개 종목이 거래되고 있다. 주식시장에 상장된 주식은 숫자만 많은 것이 아니라, 종류도 다양하고 각 종목의 특색도 각양각색이다.

보통 사람은 선택지가 3개 이내면 금방 고르지만, 10개 이상이면

갈등에 휩싸인다고 한다. 그런 경우 선택을 미루든지 아니면 다른 사람이 골라준 것을 주저 없이 따르는 경향이 있다. 도서를 구매할 때 베스트셀러 위주로 고르거나, 관객이 많은 영화를 선택하는 것이 그런 예다.

개인이 주식시장에서 투자할 종목을 고를 때도 마찬가지다. 사실 개인투자자가 모든 종목을 분석해 합리적인 판단에 따라 그중에서 한두 종목을 고르는 것은 결코 쉬운 일이 아니다. 사실상 불가능에 가깝다.

그래서 개인투자자들은 시작부터 잘못된 길을 걷기 십상이다. 친구나 주식전문가들이 추천하는 '저가 부실주'나 '작전주'를 매수하면서 주식을 시작하는 투자자가 많은 것은 그 때문이다. 많은 개인투자자가 이런 과정을 거쳐 이익은커녕 거액을 잃으면서 주식에 환멸을 느끼고 주식시장을 떠나게 된다. 개인투자자들이 흔히 겪는 오류가 바로 그런 것이다.

그러면 투자할 종목을 어떻게 고르는 것이 좋을까? 원래 투자 종목을 고를 때 의식적인 방법보다는 무의식적인 방법이 더 잘 통한다는 이야기가 있다. 아무 생각 없이 고른 종목이 장시간 고민 끝에 고른 종목보다 수익이 더 높다는 이야기다. '장고 끝에 악수 둔다.'는 말과 일맥상통한다. 이는 결코 허무맹랑한 농담이나 자기 체념식의 푸념이 아니라, 엄연한 연구결과다.

주식시장이 17세기 최초로 유럽의 네덜란드에서 문을 연 이래 약 400년간에 걸쳐, 투자 종목 선정과 투자수익률의 상관관계를 연구한 수많은 학자가 있었다. 그런데 연구결과는 놀랍게도 전문가들이 권하는 의식적인 방법보다 원숭이처럼 지능지수가 낮은 동물들이 권한 무의식적인 방법이 더 높은 수익을 올리는 것으로 나타났다. 이런 방법 중에서 가장 많이 이용되는 것이 다음 두 가지 중 하나일 것이다.

첫째, 상장회사 명단을 다트판에 붙인 다음, 다트 핀을 던져 맞힌 종목에 투자한다. 둘째, 인근 마트에 가서 복주머니와 2,000개의 구슬을 산다. 온 가족이 모여 구슬에 상장종목을 일일이 적고 복주머니에 집어넣는다. 가족 한 사람이 눈을 감고 구슬을 뽑는다. 구슬에 적힌 종목에 투자한다.

투자 종목에 대한 무지

회사에서 직원을 신규로 채용할 때 자기소개서를 비롯한 각종 서류를 받아 꼼꼼히 읽어보고 면접을 통해 최종적으로 선발한다. 지원자가 제출한 서류도 읽지 않고 면접도 보지 않은 상태에서 직원을 채용할 수 있을까? 아마도 없거나, 과거에 그런 회사가 있었다한들 지금은 망해서 없어졌을 것이다.

투자자가 투자할 회사를 선택할 때 반드시 참조해야 하는 기본 서류로 '사업보고서'가 있다. 상장회사가 법률에서 정한 규정에 따라 작성하여 분기마다 금융감독원에 의무적으로 제출해야 한다. 만약 회사가 이에 불응한다면, 그 즉시 상장폐지 조치가 뒤따른다. 그 정도로 매우 중요한 서류다.

사업보고서의 목차는 (도표 0-1)처럼. 약 300쪽에 달하는 내용을 담고 있다. 금융감독원에서 운영하는 전자공시시스템(DART, Data Analysis, Retrieval and Transfer System)에 들어가면 누구나 찾아볼 수 있다.

지금까지 자신이 투자한 회사의 사업보고서를 읽어 본 적이 있는가? 만약 '노(No)'라고 답한다면, 마치 이력서도 면접도 보지 않고 직원을 채용하는 것과 같다. 그런데도 주식에 투자해 돈을 벌었다면, 자신에게 엄청난 행운이 존재했다는 사실에 감사드리기 바란다.

(도표 0-1) 사업보고서 차례

대표이사 등의 확인

I. 회사의 개요
  1. 회사의 개요/ 2. 회사의 연혁/ 3. 자본금 변동사항/ 4. 주식의 총수 등
  5. 의결권 현황/ 6. 배당에 관한 사항 등

II. 사업의 내용
  1. 사업의 개요/ 2. 주요 제품과 서비스 등/ 3. 주요 원재료에 관한 사항
  4. 생산 및 설비에 관한 사항/ 5. 매출에 관한 사항/ 6. 수주상황
  7. 시장위험과 위험관리/ 8. 파생상품거래 현황/ 9. 경영상의 주요 계약 등
  10. 연구개발활동/ 11. 그 밖에 투자의사결정에 필요한 사항

III. 재무에 관한 사항

IV. 감사인의 감사의견 등

V. 이사의 경영진단 및 분석의견
  1. 예측정보에 대한 주의사항/ 2. 경영진단의 개요/ 3. 재무상태 및 영업실적
  4. 유동성 및 자금조달과 지출/ 5. 부외거래

VI. 이사회 등 회사의 기관 및 계열회사에 관한 사항
  1. 이사회에 관한 사항/ 2. 감사제도에 관한 사항/
  3. 주주의 의결권 행사에 관한 사항/ 4. 계열회사 등의 현황

VII. 주주에 관한 사항
  1. 최대주주 및 그 특수관계인의 주식소유 현황/ 2. 최대주주 변동내역
  3. 주식의 분포/ 4. 주식사무/ 5. 최근 6개월간의 주가 및 주식 거래실적

그렇다면 개인투자자가 상장회사의 사업보고서를 제대로 이해하는 것이 가능할까? 결론부터 이야기하면 거의 불가능에 가깝다. 왜냐하면, 사업보고서를 이해하려면 여러 분야에 대한 전문지식과 경영지식이 필요한데, 개인이 그런 지식을 모두 갖추기란 극히 어렵기 때문이다.

이에 더해 알아두어야 할 용어도 엄청나게 많다. 일례로 가치투자를 논할 때 나오는 PER, PBR, EV/EBIDTDT 등의 용어들을 알려면 먼저 재무제표를 완벽하게 이해해야만 한다. 또한, 재무제표에는 최소 200개에서 최대 900개에 달하는 전문가들만 알 수 있는 '계정과목'이 있고, 이를 조합하다 보면 약 100여 개의 비율 또는 지표가 파생적으로 산출된다.

이 외에도 주식투자를 어렵게 만드는 요인이 하나 더 있다. 상장회사가 사업보고서를 제출하는 시점에서 보면, 그 안에 담긴 내용이 이미 지나간 날의 자료라는 것이다. 사업보고서를 아무리 철저히 숙지한다 해도 그것은 과거의 사실일 뿐 미래의 투자 결과에 대한 확신을 주지 않는다.

결국, 개인이 개별 종목에 투자하려면 절대적으로 많은 시간과 노력이 요구된다. 예를 들어, 의대에 입학해서 전문의를 딸 때까지 최소 10년 이상의 시간을 들여 열심히 공부해야 한다. 막 의대에 입학한 신입생에게 진료를 받고자 하는 사람이 있을까? 이와 마찬가지로 개인이 주식에 투자하려면 (10년보다는 짧지만) 상당한 시간과 노력이 필요하다. 만약 노력하지 않고 무작정 주식에 투자한다면, 이익은커녕 손실만 기록할 수밖에 없다.

주가지수에 투자한다

그럼 개인은 주식투자를 완전히 포기해야만 할까? 그렇지 않다. 개인투자자가 직면하는 이런 문제들은 개별 종목이 아닌 주가지수에 투자하면 대부분 해결된다.

이 책은 주가지수 투자가 무엇인지, 왜 전문지식이 없는 개인에게 주가지수 투자가 적합한지 설명하고 있다. 궁극적으로는 처음 주가지수 투자에 도전하는 개인투자자들을 위해 쉽게 접근하는 방식을 알려주고자 한다. 특히 투자수익률을 늘리는 방법도 군데군데 설명했으니 놓치지 않기를 바란다. 무엇보다 개인의 투자 성향과 원하는 수익률에 맞춰 투자할 수 있도록 정리했으니 참조하기를 바란다.

이제부터 본격적으로 주가지수 투자에 대해 알아보기로 하자.

제1장

주가지수에
투자해야 하는 종목들

01
주가지수는
어떻게 계산할까?

주가 흐름을 한눈에 보여주는 주가지수

우리나라에서는 한국거래소 산하 유가증권시장, 코스닥시장, 코넥스시장에서 주식을 사고팔 수 있다. 먼저 유가증권시장에 관해 이야기하고자 한다.

한국거래소는 유가증권시장의 주요 지표인 '코스피(KOSPI)'를 시시각각으로 발표하고 있다. 코스피의 정확한 명칭은 한국종합주가지수(KOSPI, Korea Composite Stock Price Index)로, 유가증권시장에서 거래되는 수많은 종목의 전체적인 주가 흐름을 보여주기 위해 만든 지표이다. 투자자와 언론에서는 한국종합주가지수라는 풀 네임보다는 '코스피(KOSPI)'라 부르기 때문에, 여기에서도 코스피라 칭하고자 한다.

처음 주식에 투자하는 초보자들로부터 간혹 이런 질문을 받는다. "미국의 다우지수가 20,000포인트이고 한국의 코스피가 2,000포인트라면, 미국의 주가가 한국의 주가보다 10배 비싸다는 뜻입니까?" 이런 의문을 풀려면 주가지수에 대해 자세히 알아야만 한다.

국내 유가증권시장에는 약 900개 종목이 상장되어 거래되고 있다. 이들 개별 종목들의 주가는 주식시장에서 투자자 간에 거래되면서 시시각각으로 변동한다. 일례로 매수세가 강한 종목의 주가는 상승하고, 매도세가 강한 종목의 주가는 하락하는 것이 일반적인 현상이다.

주가지수는 주식시장의 전반적인 주가가 상승 혹은 하락하는지와, 주가의 장기적인 추세를 알아보기 위해 만든 지표를 말한다.

전 세계의 주식시장은 그 나름대로 주가지수를 작성해 발표하고 있다. 주가지수를 계산하는 방식은 다양하지만, 요약하면 세 가지 유형으로 구분된다. 상장시가총액법, 평균주가계산법, 시가총액비교법이 그것이다. 특히 나라마다 주가지수를 계산하는 방식은 각기 다르므로, 그 방식에 대해 자세히 이해할 필요가 있다.

상장시가총액법으로 주가지수를 계산하면

상장시가총액법이란 주식시장에 상장된 개별 종목의 시가총액을 전부 더해 주가지수를 산정하는 방식이다. 그렇다면 개별 종목의 시가총액은 어떻게 구할까? 개별 종목의 시가총액은 그 회사가 발행한 주식수에 주가를 곱해 계산한다. 사례를 이용해 알아보자.

(도표 1-1)은 2020년 7월 어느 날, 유가증권시장에서 거래되는 시가총액 상위 20개 종목의 주가 관련 자료이다. 왼쪽 상단에 순위와 종목명이 나온다. 1위 기업인 '삼성전자'를 예로 들어보자. 오른쪽으로 '현재가'와 '상장주식수'가 나온다. 그 항목의 수치를 찾아 다음과 같이 곱하면 시가총액이 계산된다.

삼성전자의 시가총액 = 현재가 × 상장주식수(총발행주식수)
= 53,500원 × 5,969,783천주 ≒ 320조원

뒤를 이어 나오는 SK하이닉스의 시가총액은 삼성전자의 20% 수준인 60조원이고, 세 번째에 있는 네이버(NAVER)가 48조원으로 계산된다.

SK하이닉스의 시가총액 = 82,800원 × 728,000천주 ≒ 60조원
NAVER의 시가총액 = 294,500원 × 164,263천주 ≒ 48조원

이런 식으로 유가증권시장에 상장된 총 900여 종목의 시가총액을 모두 합한 금액이 바로 '시가총액'이다. 이하 4위부터 20위까지에 속한 회사들의 이름과 각각의 시가총액이 얼마인지 살펴보기 바란다. 이들 종목은 주식시장에서 '대형 우량주' 혹은 '블루칩'이라 부른다.

그러면 국내 유가증권시장의 시가총액은 얼마나 될까? 2020년 7월 당시 1,420조원이었다. 앞서 계산한 삼성전자의 시가총액 320

N	종목명	현재가	전일비	등락률	액면가	거래량	상장주식수	시가총액	외국인비율	PER
1	삼성전자	53,500	▲ 800	+1.52%	100	7,316,315	5,969,783	3,193,834	55.21	17.07
2	SK하이닉스	82,800	0	0.00%	5,000	1,032,437	728,002	602,786	48.46	38.67
3	NAVER	294,500	▼ 4,500	-1.51%	100	805,089	164,263	483,756	55.40	76.04
4	삼성바이오로직스	728,000	▼ 3,000	-0.41%	2,500	114,283	66,165	481,681	10.38	173.25
5	셀트리온	326,000	▲ 1,500	+0.46%	1,000	516,210	134,939	439,902	21.24	129.67
6	삼성전자우	47,000	▲ 250	+0.53%	100	1,019,820	822,887	386,757	88.05	15.00
7	LG화학	538,000	▲ 9,000	+1.70%	5,000	213,738	70,592	379,787	36.73	300.89
8	카카오	347,500	▼ 8,000	-2.25%	500	950,562	87,846	305,265	33.77	-117.32
9	삼성SDI	392,000	▲ 1,000	+0.26%	5,000	282,672	68,765	269,557	42.10	92.96
10	현대차	100,500	▲ 2,200	+2.24%	5,000	933,169	213,668	214,737	33.52	10.65
11	엔씨소프트	975,000	▲ 31,000	+3.28%	500	76,246	21,954	214,052	51.29	44.64
12	LG생활건강	1,310,000	▲ 15,000	+1.16%	5,000	10,932	15,618	204,598	44.09	29.56
13	삼성물산	106,500	▲ 2,000	+1.91%	100	186,400	186,887	199,035	14.30	18.14
14	현대모비스	202,000	▲ 9,500	+4.94%	5,000	246,572	95,055	192,010	45.12	8.94
15	SK텔레콤	215,500	▲ 500	+0.23%	500	102,372	80,746	174,007	35.80	21.22
16	SK	243,000	▲ 2,500	+1.04%	200	330,790	70,360	170,976	21.89	248.21
17	POSCO	184,500	▲ 2,500	+1.37%	5,000	125,747	87,187	160,860	51.60	10.80
18	SK바이오팜	201,000	▼ 4,500	-2.19%	500	637,320	78,313	157,410	3.06	-182.73
19	KB금융	35,350	▲ 1,400	+4.12%	5,000	1,123,089	415,808	146,988	64.67	4.62
20	삼성SDS	183,000	▲ 4,000	+2.23%	500	103,487	77,378	141,601	12.48	24.99

• 시가총액은 억원, 상장주식수는 발행주식수로 천주, 외국인비율은 %, 시가총액은 현재 주가에 상장주식수를 곱해 계산함.
출처: 네이버 증권(2020년 7월)

조원은 전체 시가총액에서 22%를 차지한다.

삼성전자의 시가총액 비중 = 삼성전자 시가총액 / 총 시가총액
= 320조원 × 1,420조원 ≒ 22.5%

삼성전자의 시가총액이 국내 주식시장에서 큰 비중을 차지하고 있다는 말은 어떻게 해석해야 할까? 삼성전자의 주가가 상승하면

시가총액도 늘어나고, 반대로 삼성전자의 주가가 하락하면 시가총액도 줄어든다는 말로 이해할 수 있다.

이렇게 계산한 개별 종목의 시가총액을 모두 더해 전체 종목의 시가총액을 주가지수로 표시하는 방법이 바로 '상장시가총액법'이다. 예를 들어, 기준시점의 시가총액이 100조원이고 비교시점의 시가총액이 200조원이라면, 주식시장의 전반적인 주가는 상승세를 보이면서 기준시점 대비 주가가 2배 올라갔다고 판단한다.

이 방식에 따르면, 전체 종목의 매일, 매주, 매월, 매년 시시각각으로 변동하는 주가에 발행주식수를 곱해 계산된 시가총액을 서로 비교함으로써 주식시장의 전반적인 주가 상승이나 하락 여부를 파악할 수 있다. 당연히 수작업보다는 컴퓨터로 처리할 수밖에 없다.

그런데 상장시가총액법에 따라 주가지수를 산정한다면, 다음과 같은 심각한 문제점이 발생한다.

첫째, 개별 종목이 신규로 주식을 발행하면, 주가가 하락하더라도 발행주식수가 늘어나고 이에 따라 시가총액이 증가함으로써 주가지수는 상승하게 된다. 유상증자, 무상증자, 주식배당 등에 따라 상장회사가 신규로 발행한 주식수가 급증하는 상황이 이에 해당한다.

둘째, 주식시장에 신규 종목이 상장되면, 시가총액이 늘어나 주가지수가 상승한다. 특히 덩치 큰 대기업들이 주식시장에 신규로 상장되는 경우, 다른 종목들의 주가가 하락하더라도 주가지수는 크게 상승한다.

셋째, 기존 종목의 상장폐지로 인해 발행주식수가 감소하면서 시가총액이 줄어들면, 다른 종목의 주가가 상승하더라도 주가지수는 하락한다.

이런 문제점 때문에, 현재 세계 주식시장 가운데 상장시가총액법에 따라 주가지수를 계산하는 곳은 거의 없다.

평균주가계산법으로 주가지수를 계산하면

평균주가계산법은 주식시장에 상장된 개별 종목들의 주가를 평균해 주가지수를 산정하는 방법이다. 평균주가계산법은 다시 단순평균주가법과 가중평균주가법으로 구분한다.

우선, 단순평균주가법은 주식시장에 상장된 개별 종목들의 주가를 단순 평균해 주가지수로 나타내는 방법이다.

$$단순평균주가 = \frac{개별\ 주가\ 합계}{전체\ 종목\ 수}$$

$$= \frac{50,000원 + 10,000원 + (\cdots) + 1,000원}{900개\ 종목} = 28,000원$$

가중평균주가법은 주식시장에 상장된 전체 시가총액을 총 발행주식수로 나누어 계산한 평균주가를 주가지수로 나타내는 방법이다.

$$\text{가중평균주가} = \frac{\text{개별 시가총액 합계}}{\text{전체 발행주식수}}$$

$$= \frac{200조원 + 50조원 + (\cdots) + 100억원}{1억주 + 5,000만주 + (\cdots) + 100만주} = 180,000원$$

전 세계 주식시장 중에 미국의 다우지수와 일본의 Nikkei225 지수만이 평균주가계산법에 따라 주가지수를 계산한다. 미국의 다우지수는 단순평균주가법으로 주가지수를 계산한다. 좀 더 자세히 말하면, 미국 뉴욕 증권시장에 상장된 전체 종목 가운데 신용도가 높고 각 산업을 대표하는 30개 종목의 주가를 단순평균해 주가지수를 구한다.

일본의 Nikkei225 지수도 단순평균주가법으로 주가지수를 계산한다. 다시 말해, 일본의 니혼게이자이신문사(日本經濟新聞社)가 도쿄주식시장에 상장된 제1부 종목 가운데 유동성이 높은 225개의 종목만을 대상으로 주가를 평균해 주가지수를 계산한다.

이런 평균주가계산법은 앞서 설명한 상장시가총액법의 문제점을 어느 정도 보완한 방법이라 할 수 있다.

시가총액비교법으로 주가지수를 계산하면

시가총액비교법은 기준시점의 시가총액을 기준지수인 100포인트(혹은 1,000포인트 등)로 정하고, 시시각각 변동하는 시가총액을 계산해 기준시점의 시가총액으로 나누어 주가지수를 표시하는 방법이다. 예를 들어, 기준시점의 시가총액 50조원을 100포인트로 정한다고 가정해보자. 만약 비교시점의 시가총액이 1,000조원이라면 주가지수는 얼마나 될까? 주가지수가 2,000포인트로, 계산식은 다음과 같다.

$$\text{주가지수} = \frac{\text{비교시점 시가총액(1,000조원)}}{\text{기준시점 시가총액(50조원)}} \times 100 ≒ 2,000\text{포인트}$$

현재 국내 주식시장을 포함해 전 세계 주식시장은 대부분 시가총액비교법에 따라 주가지수를 계산한다.

02
안정성이 돋보이는
코스피

유가증권시장의 코스피

국내 유가증권시장에서 코스피는 1980년 1월 4일을 기준시점으로 하여, 당시 시가총액 67조원을 100포인트로 정했다. 비교시점의 시가총액을 기준시점의 시가총액으로 나누는 방식으로 주가지수를 산정한다. 만약 비교시점의 시가총액이 1,340조원이라면 코스피는 2,000포인트로 계산된다.

$$\text{코스피} = \frac{\text{비교시점 시가총액(1,340조원)}}{\text{기준시점 시가총액(67조원)}} \times 100 ≒ 2,000\text{포인트}$$

여기서 한 가지 의문이 생긴다. 코스피 1포인트를 금액으로 환산하면 얼마나 될까? 만약 코스피가 100포인트 상승한다면 시가총액은 얼마만큼 늘었다는 뜻일까? 기준시점인 1980년 1월 4일의 시가총액 67조원을 100포인트로 나누면, 코스피 1포인트의 시가총액은 대략 6,700억원으로 환산된다.

코스피 1포인트 = 기준시점 시가총액(67조원) ÷ 100포인트 ≒ 6,700억원

주식시장에서 코스피가 100포인트 상승하면 약 67조원의 시가총액이 늘어나 해당 금액만큼 투자자들의 재산 가치가 증가한다는 것을 뜻한다. 반대로 코스피가 100포인트 하락하면 약 67조원의 시가총액이 줄어들면서 해당 금액만큼 재산 가치가 감소하게 된다.

여기서 유의할 점이 하나 있다. 코스피를 산정할 때 전체 종목의 시가총액이 모두 포함되지 않는다는 것이다. 유가증권시장에 속한 우선주의 시가총액은 코스피를 산정할 때 제외한다. 예를 들어, 삼성전자 보통주의 시가총액은 코스피에 포함되지만, 삼성전자 우선주의 시가총액은 제외하고 코스피를 계산한다.

기준시점의 시가총액은 불변이 아니다

기준시점의 시가총액은 불변이라고 생각할 수 있지만, 그것은 착각이다. 코스피를 산정할 때 기준시점의 시가총액은 조정된다. 그래야 주가지수가 적절히 표시되기 때문이다. 기준시점의 시가총액이 조정되는 다음의 사유를 보면 그 이유를 이해할 수 있을 것이다.

첫째, 주식시장에 신규로 상장하는 기업이 있는 상황에서 주가지수를 조정하는 방법이다. 예를 들어, 시가총액 100조원인 A기업이 신규로 상장된 상황을 가정해보자. 이때 기준시점의 시가총액은 67조원이고 비교시점의 시가총액은 1,340조원으로 코스피가 2,000포인트를 기록하고 있다. 이 경우, 다른 종목의 주가가 전혀 변동하지 않아도 A기업이 새로 상장됨으로써 코스피는 2,149포인트로 상승한다.

코스피 = (1,340조원 + 100조원) ÷ 67조원 × 100 = 2,149포인트

기존 종목의 주가가 전혀 변동하지 않는데도 불구하고 특정 기업이 신규로 상장되었다는 이유만으로 코스피는 상승하게 된다. 이는 현상을 정확히 반영한 결과가 아니므로, 당연히 조정해야만 한다. 신규 상장으로 코스피가 상승하는 현상을 피하기 위해서는 기준시점의 시가총액을 조정할 수밖에 없다.

(도표 1-2)는 신규 상장으로 인한 코스피 상승 문제를 해결하기 위해 기준시점의 시가총액을 증액한 경우다. 기존 상장회사가 유상증자 등에 따라 발행주식수와 시가총액이 늘어나는 상황에서도 이와 마찬가지로 기준시점의 시가총액을 증액한다.

둘째, 주식시장에 상장 폐지되는 기업이 있는 상황에서 주가지수를 조정하는 방법이다. 일례로 시가총액 100조원인 A기업이 상장 폐지되었다고 생각해보자. 이런 경우, 다른 종목의 주가는 전혀 변

(도표 1-2) 신규 상장으로 인한 코스피 조정

	기준시점	비교시점	코스피
조정 전	67조원	1,340조원	2,000포인트
가산	+5조원	+100조원	
조정 후	72조원	1,440조원	2,000포인트

㈜ 기준시점에 가산되는 시가총액 = (67조원 ÷ 1,340조원) × 100조원 = 5조원

동하지 않는데도 코스피는 하락한다. 이를 정확히 계산하면 다음과 같다.

코스피 = (1,340조원 − 100조원) ÷ 67조원 × 100 = 1,850포인트

기준시점의 코스피 2,000포인트가 1,846포인트로 하락한 것이다. 이처럼 특정 기업이 상장 폐지되면서 코스피가 하락하는 현상을 피하기 위해서는 기준시점의 시가총액을 조정해야만 한다. 이경우 기준시점의 시가총액을 감액하는 방식을 취한다. 기존 상장회사가 감자 등을 하면서 발행주식수와 시가총액이 감소하는 때도 기준시점의 시가총액을 감액한다. (도표 1-3)을 참고하라.

여기서 재미있는 (혹은 끔찍한) 사실을 하나 알게 된다. 만약 삼성전자가 이러저러한 사유로 인해 국내 주식시장에서 상장 폐지된다고 가정해보자. 그런 엄청난 상황이 벌어져도 과연 주가지수는 흔들림 없이 유지될까?

이론적으로 주가지수는 변하지 않을 것처럼 보인다. 하지만, 실제로는 삼성전자가 상장 폐지된다는 소문이 돌면서 그 회사 주가와

(도표 1-3) 상장폐지로 인한 코스피 조정

	기준시점	비교시점	코스피
수정 전	67조원	1,340조원	2,000포인트
차감	-5조원	-100조원	
수정 후	62조원	1,240조원	2,000포인트

㈜ 기준시점에 차감되는 시가총액 = (67조원 ÷ 1,340조원) × 100조원 = 5조원

코스피는 엄청나게 대폭락한 후에 주식시장에서 퇴출된다. 이론과 실제가 일치하지 않는 상황이 종종 발생할 수 있다는 것을 유념하자.

엄선된 200개 종목만으로 구성된 코스피200

코스피와 유사한 주가지수로 코스피200(KOSPI200)이 있다. 유가증권시장에 상장된 전체 900여 개 종목 가운데 특별히 엄선한 200개 종목만을 대상으로 시가총액을 비교해 산정하는 주가지수가 코스피200이다. 200개 종목을 선정하는 기준으로는 시장 대표성, 업종 대표성, 유동성 등 세 가지 요인이 적용된다. 각각의 특성은 어떤 의미를 지니는지 좀 더 구체적으로 알아보자.

첫째, '시장 대표성'이란 시가총액이 커서 주식시장을 대표할 수 있어야 한다는 의미다. 시가총액이 제일 큰 순서부터 시작해 200위까지 해당하는 종목 위주로 선정하는 것은 그런 이유에서다.

둘째, '업종 대표성'이란 시가총액이 일정 비율 이상으로 산업을 대표할 수 있어야 한다는 것이다. 국내 유가증권시장은 종목을 업종별(섹터별)로 분류하고 있다. 따라서 시가총액이 적더라도, 업종의 대표성을 반영하기 위해 코스피200에 포함하는 종목이 있다는 것이다.

끝으로 '유동성'이란 주식시장에서 거래량이 활발하게 이루어지는 종목 위주로 엄선했다는 의미다.

위의 내용을 종합해 보면, 코스피200에 포함되는 종목들은 시가총액이 크고, 업종을 대표하며, 거래량이 활발한 것이므로 비교적 안심하고 투자할 수 있는 종목이라는 것이다.

널리 알려진 사회 현상 중에 '2:8 법칙'이 있다. 가령 20%의 부자가 나라 전체 재산(또는 소득)의 80%를 소유한다는 말도 그런 법칙일 수 있다. 주가지수에도 이와 같은 법칙이 적용된다. 코스피200은 시가총액 기준 상위 200개 종목의 주가지수인 만큼, 상위 20%에 속하는 이 종목들의 시가총액을 모두 더하면 전체 시가총액의 약 80%를 차지한다는 의미다.

특히 강조할 사항이 하나 있다. 코스피와 코스피200은 항상 같은 움직임을 보인다는 것이다. 다시 말해, 코스피가 상승하면 코스피200도 상승하고, 코스피가 하락하면 코스피200 역시 하락한다. 코스피와 코스피200이 반대 방향으로 움직이는 상황은 천지가 개벽하더라도 일어나지 않는다. 다만, 코스피가 10% 등락하는 경우 코

(도표 1-4) 코스피200의 업종(섹터)별 비중

업종비중 Sector weight

구분	비중(%)
정보 기술	41.02
커뮤니케이션서비스	11.54
산업	9.14
임의소비재	8.35
금융	7.51
헬스케어	6.89
소재	6.81
필수소비재	5.46
에너지	1.52
유틸리티	0.86

상위10종목 Top 10 Holdings

종목명	업종	비중(%)
삼성전자	정보 기술	30.47
SK하이닉스	정보 기술	5.84
NAVER	커뮤니케이션서비스	4.14
셀트리온	헬스케어	3.90
LG화학	소재	2.76
삼성SDI	정보 기술	2.30
엔씨소프트	커뮤니케이션서비스	2.03
카카오	커뮤니케이션서비스	1.95
현대차	임의소비재	1.69
LG생활건강	필수소비재	1.53

• 상기 업종비중은 GICS 대분류 기준입니다.

스피200은 10%에서 약간의 차이만을 보이면서 등락한다.

유가증권시장에서는 전체 종목을 편의상 업종(섹터)별로 구분하고 있다. 그러면 코스피200에 속한 종목들의 업종별 시가총액 비중은 어느 정도 될까? (도표 1-4)에서 그 내용을 살펴보자.

우선, 삼성전자와 SK하이닉스 등이 포함된 정보기술 섹터가 가장 많은 41%를 차지하고 있다. 반도체를 포함한 전기·전자 산업이 국내 경제에서 차지하는 비중이 그 정도로 크다는 사실을 보여준다. 뒤를 이어서 NAVER, 엔씨소프트, 카카오 등이 포함된 커뮤니케이션 서비스 섹터가 대략 12%의 비중을 점하고 있다.

코스피 200은 어떻게 다른가?

↗

한국거래소는 매년 6월과 12월이 되면, 코스피200에 속하는 종목들을 일부 조정한다. 기존 종목 중, 요건 미달인 종목은 제외하고 새로운 종목을 추가하는 작업을 시행한다는 것이다. 다만, 코스피200에 포함되는 종목은 항상 200개를 유지한다. 이처럼 매년 6월과 12월에 코스피200 종목을 변경하는 것을 '정기변경'이라고 한다.

정기변경 외에 '수시변경'도 한다. 코스피200에 영향을 미칠 정도로 시가총액이 큰 기업이 신규로 상장되면 수시로 구성 종목을 변경하는 방식이다. 또 기존 종목 중 상장 폐지되는 기업은 구성 종목에서 제외하고 신규 종목을 편입한다.

코스피 200은 다음 두 가지 점에서 코스피와 약간의 차이가 있다.

첫째로 계산 방식의 차이다. 코스피는 개별 종목이 발행한 총주식수에 주가를 곱한 시가총액을 기준으로 산정한다. 그러나 코스피200은 발행주식수 중 '유동주식(비유동주식은 제외)'만을 대상으로 하여 산정한 시가총액을 기준으로 주가지수를 계산한다.

여기서 잠깐, 코스피200의 유동주식에 대해 간단히 짚고 넘어가자.

총발행주식은 유동주식과 비유동주식의 합으로 이루어진다. 그중 비유동주식이란 주식시장에서 거래되지 않는 다음과 같은 주식을 말한다.

- 최대주주와 특수관계자(일가친척 등)가 보유하고 있는 주식
- 정부가 보유하고 있는 주식
- 회사의 종업원으로 구성된 우리사주조합이 보유하고 있는 주식
- 회사가 발행한 주식을 회사 자신이 보유하는 자사주(自社株)
- 기타 매각이 제한된 주식

이런 비유동주식을 제외한 주식이 유동주식이다. 즉 주식시장에서 활발하게 거래되는 주식만이 유동주식에 해당된다.

둘째로, 코스피200은 기준시점에서도 코스피와 차이가 난다. 코스피는 1980년 1월 4일을 기준시점으로, 시가총액을 100포인트로 정한 다음 비교시점의 시가총액을 비교해 산정한다. 이와는 달리 코스피200은 1990년 1월 3일을 기준시점으로 하되, 시가총액은 코스피와 마찬가지로 100포인트로 한다. 예를 들어, 코스피200이 300포인트라면, 기준시점과 비교해 200개 종목의 시가총액이 평균 3배 늘어났다는 의미로 해석하면 된다.

한국거래소는 2초마다 코스피200을 발표하고 있다(당연히 수작업이 아닌 초고속 컴퓨터를 이용하여 계산한다). 현재 코스피200은 주가지수선물이나 주가지수옵션 등 파생상품시장에서 거래되는 종목들의 기준지수로 이용된다. 또한, 코스피200이 변동함에 따라 앞으로 설명할 주가지수에 투자하는 종목(일명 ETF, 상장지수펀드)의 주가도 오르내린다.

국가별 주가지수의 비교는 무의미하다

이제 본 장을 시작하면서 초보 주식투자자들이 던진 질문의 답을 찾을 때가 된 것 같다.

"미국의 다우지수가 20,000포인트이고 한국의 종합주가지수가 2,000포인트라면, 미국의 주가가 한국의 주가보다 10배 비싸다는 뜻인가?"

답은 "그렇지 않다."이다. 앞서 살펴본 것처럼 전 세계 주식시장에서 채택하고 있는 주가지수는 계산 방법이 제각각이다. 똑같이 시가총액비교법을 사용하는 나라라 해도 주식시장마다 기준시점이 다르다. 따라서 미국의 다우지수 20,000포인트와 한국의 코스피 2,000포인트를 단순 비교해 주가의 높낮이를 따진다는 것은 어불성설이다.

03
코스피200에
정비례하는 종목들

안정적 투자자를 위한 1배 정비례 종목

주가지수에 투자하라는 것은 코스피의 움직임에 따라 주가가 똑같이 변동하는 종목에 투자하라는 말과 같다.

우선, 주가지수에 투자하는 경우 선택이 요구된다. 앞으로 주가지수가 상승할지 하락할지를 예측해야 한다. 왜냐하면, 주가지수가 상승할 것 같다면 정비례 종목에, 반대로 주가지수가 하락할 것 같으면 반비례 종목에 배팅해야 하기 때문이다.

다음 두 개의 차트를 서로 비교해 보면서 정비례 종목에 관해 알아보자. (도표 1-5)는 이전 6개월 동안 코스피200의 변동을, (도표 1-6)은 같은 기간에 KODEX200의 주가 흐름을 나타낸 것이다. 언뜻 보아도 두 차트의 모습이 거의 유사한 것을 알 수 있다. 실제 두

(도표 1-5) 코스피200

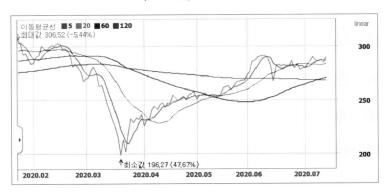

(도표 1-6) KODEX200(종목코드: 069500)

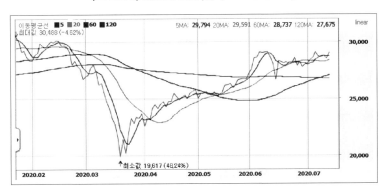

차트의 모양세는 정확하게 일치해야만 한다. 왜냐하면, 당초 일치하도록 설계했기 때문이다.

KODEX200은 코스피200과 정비례하는 종목이다. 일례로 차트에서 코스피200의 최고치는 306포인트이고, 그때 이 종목의 주가 최고치는 30,488원이다. 같은 기간 코스피200의 최저치는 196포인트이고, 그때 이 종목의 주가 최저치는 19,617원이다. 코스피200의 지수 값에 100을 곱하면 KODEX200의 주가에 거의 근접하다는 것이다. 위의 내용을 정리해보자. 코스피200이 5% 상승하면 KODEX200의 주가는 5% 상승하고, 반대로 코스피200이 5% 하락하면 이 종목의 주가는 5% 하락한다. 앞으로 코스피가 상승할 것으로 전망하는 투자자는 이 종목을 매수하라. 그 후에 코스피가 많이 올라 향후 하락할 것으로 판단되면 매도하여 이익을 확정시켜라.

1배 정비례 종목의 투자수익률

투자자가 KODEX200에 투자했더라면 기간별로 어느 정도의 수익률을 얻었을까? (도표 1-7)이 이 종목의 투자 수익율을 알려주고 있다. 상단의 NAV는 순자산가치(Net Asset Value)로서, 이 종목의 자산에서 부채를 차감한 금액이다. 기초지수는 이 종목이 추종하고 있는 주가지수로서, 여기서는 코스피200을 의미한다. 시장가격(종가)은 주식시장이 종료되면서 마지막으로 거래된 가격이다. 각 금액과 지수를 기준으로 수익률을 계산한 것이다.

이 종목이 처음 거래되기 시작한 2002년 10월에 매수하여 현재 (2020년 7월 말 기준, 이하 동일)까지 보유했다면 시장가격을 기준으로 수익률이 286%였다. 당시 100만원을 투자했더라면 원금이 386만원으로 늘었다는 뜻이다. 같은 기간의 코스피200은 거의 비슷한 수준인 285% 상승했다. 이는 18년 동안의 누적 수익률이므로, 연평균으로 환산하면 16%로 나타난다.

이 종목에 투자할 때 유의할 사항이 하나 있다. 과거 1년 수익률

(도표 1-7) KODEX200의 투자수익률

	1개월	3개월	6개월	1년	3년	5년	설정이후
NAV	-2.14	15.09	-3.50	8.37	-2.63	27.78	437.02
기초지수	-2.34	14.94	-4.04	6.07	-8.48	15.49	285.95
시장가격(종가)	-2.21	13.41	-5.12	5.78	-8.85	15.71	286.39

• 수익률 표는 분배금 재투자를 가정한 세전 수익률 기준입니다.

이 (+)5.8%이고, 6개월 수익률이 (−)5.12%이며, 3개월 수익률이 (+)13.41%에서 1개월 수익률 (−)2.14%로 전환된 것이다. 이 기간에 코스피200이 그만큼 등락했다는 것이다.

코스피200이 단기간에 박스권에서 심하게 등락하면 단기 매매(저점 매수, 고점 매도)하는 투자 패턴이 더 유리하다(제2장 참조). 하지만 코스피200이 장기간에 걸쳐 상승 추세를 보이면 '매수 후 보유'하는 투자 패턴이 수익률을 높인다(제3장 참조). 따라서 상황에 맞게 투자 패턴을 정할 필요가 있다.

1배 정비례 종목의 구성 내역

코스피200은 유가증권시장에 상장된 900여 종목 중 시가총액이

(도표 1-8) KODEX200의 주요 투자 종목

NO	종목명	종목코드	수량	비중(%)	평가금액(원)
1	원화예금	KRD010010001	4,700,219	-	4,700,219
2	삼성전자	005930	8,113	29.99	427,555,100
3	SK하이닉스	000660	966	5.61	79,984,800
4	NAVER	035420	218	4.57	65,182,000
5	셀트리온	068270	179	4.07	58,085,500
6	LG화학	051910	79	2.93	41,791,000
7	카카오	035720	107	2.67	38,038,500
8	삼성SDI	006400	89	2.44	34,799,000
9	엔씨소프트	036570	32	2.12	30,208,000
10	현대차	005380	243	1.68	23,886,900

큰 순서로 200개 종목을 엄선하여 산정한 주가지수다. 이와 동일한 방식으로 KODEX200이 운용된다. 전체 투자자금을 코스피200에 포함된 200개 종목의 시가총액 비중에 맞춰 매수하는 운용 방식이다.

KODEX200이 보유한 200개 종목 중 투자 비중이 높은 순서로 상위 10개 종목을 열거해 보면 (도표 1-8)과 같다. 가령, 삼성전자의 투자 비중이 29.99%라는 것은 당시 코스피200에서 삼성전자의 시가총액이 그만큼 비중을 차지하고 있다는 것이다. 이처럼 개별 종목을 편입하여 운용하기 때문에, 이 종목의 주가가 코스피200에 1배 정비례하여 움직이는 것이 당연하다.

1배 정비례하는 투자 종목들

↗

앞서 설명한 KODEX200을 포함하여, 코스피200에 1배 정비례하여 움직이는 유사한 종목들을 (도표 1-9)에 정리했으니 투자에 참고하기 바란다. 거래량이 많으면서 수수료율이 낮은 종목을 고르는 것이 좋다.

그러면 이 종목들의 이름을 누가 어떻게 작명했는지를 알아보자.

이들 종목은 모두 코스피200에 투자하는 서류상 투자회사들이다. 예를 들어, 한국지수(KOrea inDEX)의 줄임말인 KODEX는 삼성자산운용이 관리하는 종목이다. KINDEX는 한국투자신탁운용이 관리하는 종목으로, 한국투자지수(Korea INDEX)의 줄임말이다. 또 TIGER는 미래에셋자산운용에서 관리하는 종목으로 총투자 총지분수익(Total Investment Gross Equity Return)의 약자이다.

이들 종목은 각각의 자산운용사가 고객이 맡긴 자금을 가지고 코

(도표 1-9) 코스피200 정비례 종목

종목명	종목코드	수수료율	상장주식수(천주)	거래량(천주)
KODEX 200	069500	0.150%	227,150	19,428
TIGER 200	102110	0.050%	120,750	3,612
KINDEX 200	105190	0.090%	22,150	677
KBSTAR 200	148020	0.045%	54,400	539
ARIRANG 200	152100	0.040%	23,850	379

• KODEX(한국지수, Korea Index): 삼성자산운용
• KINDEX(한국투자지수, Korea Investment Index): 한국투자신탁운용
• TIGER(총투자 총지분수익, Total Investment Gross Equity Return): 미래에셋자산운용

스피200에 투자하는 식으로 운용한다. 투자자들이 이들 종목을 매매하는 것이 바로 주가지수에 투자한다는 뜻이 된다. 주식시장에서 이들 종목은 '상장지수펀드(ETF, Exchange Traded Funds)'라고 불리고 있다(ETF의 자세한 내용은 제4장 참조).

상장지수펀드의 거래 비용

투자자가 상장지수펀드(ETF) 100만원을 매수하여 일정 기간 보유한 후, 매도하면 어느 정도의 부대비용이 발생할까? 그 상세 항목을 알아본다.

첫째, 증권회사 점포를 방문하거나 전화를 걸어 주식을 매수하면 (임직원 인건비와 점포 관리 운영비가 비싸므로) 거래금액의 0.5%를 수수료(100만원당 5,000원)로 내야 한다. 반면에 컴퓨터를 이용한 HTS(Home Trading System)나 스마트폰의 MTS(Mobile Trading System)를 통해 매수하면 증권회사마다 약간씩 차이가 나시만, 거래금액의 0.02~0.15%(100만원당 200원에서 1,500원 사이)를 수수료로 낸다. 현재 국내 주식거래의 90% 이상이 HTS나 MTS로 이뤄지고 있는 실정이다.

둘째, 투자자가 ETF를 보유할 때 받는 분배금(일종의 배당금)은 금융소득(이자소득과 배당소득)이기 때문에, 수령액의 15.4%만큼 원

천징수로 세금을 납부한다. 다만, 분배금이 연 2,000만원 이상이라면 종합소득세를 신고 납부해야 한다(투자액이 대략 10억원 이상인 개인투자자에게 적용되는 조항이니, 그 이하 금액을 굴리는 소액투자자라면 관심을 둘 필요가 없다).

셋째, 투자자가 ETF를 매도하는 경우 매수할 때와 똑같이 증권회사에 수수료를 낸다. 증권사 점포 방문이나 전화 주문의 경우에는 100만원당 5,000원, HTS나 MTS는 100만원당 200~1,500원을 수수료로 부담한다. 특히 개별 종목(예를 들어 삼성전자나 현대차 등)을 매도할 때에는 거래금액의 0.25%만큼 증권거래세를 내지만, ETF를 매도할 때에는 증권거래세가 부과되지 않는다.

넷째, ETF는 자산운용회사가 관리 운용하는 투자상품이다. 이 세상에 공짜로 제공되는 재화나 서비스는 없다. 이와 마찬가지로 투자자가 ETF에 투자하면 자산운용회사가 나름대로 정한 운용수수료를 내야만 한다. 예를 들어, KODEX200의 수수료율이 0.15%이기에, 투자자가 100만원을 매수하여 30일간 보유한 후에 매도하면 다음처럼 123원의 수수료를 부담해야 하다. 만약 100만원을 1년 동안 보유한 후에 매도하면 1,500원으로 수수료가 늘어난다. 정확한 계산식은 다음과 같다.

30일간 운용수수료 = 1,000,000원 × 30일 ÷ 365일 × 0.15% = 123원
1년간 운용수수료 = 1,000,000원 × 365일 ÷ 365일 × 0.15% = 1,500원

위의 내용을 총정리해 보자. 투자자가 HTS를 이용하여 상장지수펀드(ETF) 한 종목을 100만원어치 매수하여 1년간 보유한 후에 매도하면, 대략 2,000~4,500원의 부대비용이 발생한다. 거래금액의 0.20%에서 0.45% 수준이다. 데이트레이딩(Day Trading)처럼 하루에도 수없이 많이 매매하지 않는 한, 투자자가 부담하는 수수료 등의 부대비용은 투자 이익에 큰 영향을 미치지 않는다.

04
코스피200에
2배 정비례하는 종목들

공격적 투자자를 위한 레버리지 종목

국내 개인투자자들은 주식에 투자할 때 기대하는 수익률을 비교적 높게 잡는 경향이 있다. 단기간에 큰돈을 벌려고 위험을 감수하는 공격적 성향이 강하다는 이야기다. 이런 공격적 성향의 투자자에게 알맞은 종목이 주가지수 대비 투자수익률 2배를 겨냥해 설계한 레버리지 종목이다. 마치 지렛대를 활용해 적은 힘(적은 투자금액)으로 큰 물체(2배의 수익률)를 들어 올린다는 의미에서 레버리지(leverage)라는 이름이 붙었다.

다음의 두 차트를 비교해 보면서 레버리지 종목에 대해 알아보자. (도표 1-10)은 앞 절에 나온 주가지수에 1배 정비례 종목인 KODEX200의 주가 움직임이고, (도표 1-11)은 같은 기간의

(도표 1-10) KODEX200(종목코드: 069500)

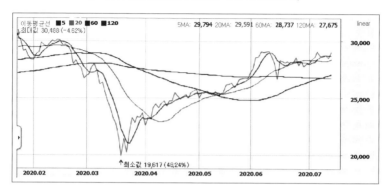

(도표 1-11) KODEX레버리지(종목코드: 122630)

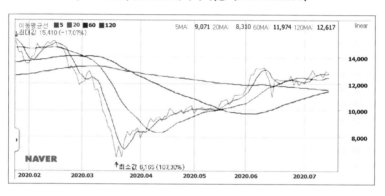

KODEX레버리지 주가 차트이다. 당초 서로 일치하도록 종목을 설계했기에, 두 차트의 모양새는 그 진폭만을 제외하고 똑같을 수밖에 없다.

그러면 유일한 차이점인 주가의 진폭에 관해 알아보자. 일례로 이 기간의 KODEX200의 주가 최고치는 30,488원이고 주가 최저치는 19,617원이다. 만약 최고치에서 매수하여 최저치에서 매도했다면 (-)36%의 손실을 보게 된다. 반대로 최저치에서 매수하여 최고치에서 매도했다면 투자수익률이 (+)55%로 나타난다.

한편, 같은 기간 KODEX레버리지의 주가 최고치는 15,410원이고 주가 최저치는 6,165원이다. 최고치에서 매수하여 최저치에서 매도했다면 (-)60%의 손실을, 그 반대의 경우 (+)150%의 투자 이익을 얻게 된다.

원래 KODEX레버리지의 수익률(손실률)은 KODEX200의 수익률(손실률) 대비 정확하게 2배를 기록해야 한다. 다시 말해, 일정 기간 KODEX200의 수익률이 (+)55%라면, KODEX레버리지는 2배인 (+)110%의 수익률을 달성해야만 한다. 하지만, 이론과는 달리 실제로 차이가 발생한다. 즉 기간 수익률의 편차 등 여러 요인이 복합적으로 작용하여 2배 내외에서 차이가 난다. 원칙적으로 코스피200이 5% 상승하면 레버리지 종목의 주가는 그 2배인 10% 상승하고, 반대로 코스피200이 5% 하락하면 레버리지 종목의 주가는 10% 하락해야 하지만 이처럼 편차가 발생할 수도 있다(제4장 참조).

위의 사실을 종합하여 정리하면, 향후 코스피200이 상승할 것으로 전망되고, 그 상승률의 2배에 달하는 수익률을 원한다면, 레버리지 종목을 매수하라. 그 후 코스피200이 충분히 상승했기에 향후 하락 반전할 것으로 예상하면 즉시 매도하기 바란다.

2배 정비례 종목의 투자수익률

투자자가 KODEX레버리지에 투자했더라면 기간별로 어느 정도

(도표 1-12) KODEX레버리지의 수익률

	1개월	3개월	6개월	1년	3년	5년	설정이후
NAV	6.36	40.32	-13.52	5.71	-22.74	23.04	27.72
기초지수	2.86	19.08	-3.43	6.29	-8.38	16.01	35.90
참조지수	4.90	39.29	-13.15	3.48	-28.35	8.06	8.67
시장가격(종가)	6.05	41.03	-13.33	5.83	-22.68	22.87	27.64

- 해당 ETF는 기초지수 일별 수익률의 일정 배수를 추적하는 EFT로서, 기초지수의 기간 누적 수익률과 해당 ETF의 누적 수익률은 상이할 수 있습니다.
- 이에 투자자들의 투자 참고를 위해 참조지수가 존재합니다. 참조지수는 기초지수의 일별 수익률의 일정 배수를 반영한 지수입니다.
- 수익률 표는 분배금 재투자를 가정한 세전 수익률 기준입니다.

의 수익률을 얻었을까? 이 종목이 처음 만들어진 2010년 2월에 매수하여 현재까지 보유했다면 27.64%의 수익률을 기록했을 것이다. 당시 100만원을 투자했더라면 원금이 127만원으로 늘었다는 뜻이다. 같은 기간의 코스피200은 35.90% 상승했다.

이 종목에 투자할 때 고려할 사항이 있다. 과거 6개월 수익률이 (-)13.33%이고, 3개월 수익률이 (+)41.03%, 그리고 1개월 수익률이 (+)6.05%로 등락률이 크다는 것이다. 이로 미루어, 해낭 기간에 코스피200이 극심하게 등락했다는 것과, 이에 따라 이 종목에 대해 장기간 투자하기보다는 단기 매매(저점 매수 고점 매도)하는 투자 패턴이 수익률을 높이는 방법이라는 것이다.

2배 정비례 종목의 구성 내역

↗

이미 설명한 것처럼, KODEX200은 전체 투자금액을 코스피200
을 구성하는 200개 종목의 시가총액 비중에 따라 분산하여 매수하
는 식으로 운용된다. 그렇다면 레버리지 종목은 어떻게 설계했기에
2배의 수익률이 날까?

우선, KODEX레버리지가 보유한 종목 중에서 비중이 높은 상위
10개 종목을 열거해 봤다(도표 1-13 참조). 기본적인 설계 원리는
매우 간단하다. 투자자금 중 절반은 KODEX200과 같이 시가총액
의 비중에 맞추어 200개 종목을 매수한다.

그리고 나머지 절반은 코스피200에 1배 정비례 종목(KODEX200,
TIGER200, KOSEF200 등)을 매수하거나, 또는 주가지수 선물

(도표 1-13) KODEX레버리지의 주요 투자 종목

NO	종목명	종목코드	수량	비중(%)	평가금액(원)
1	설정현금액	CASH00000001	2,599,253,340	-	2,599,253,340
2	원화예금	KRD010010001	7,445,939	-	7,445,939
3	F 202009	KR4101Q90009	36.02	100.40	2,609,649,000
4	삼성전자	005930	10,265	21.09	548,151,000
5	KODEX 200	069500	16,568	18.54	481,797,440
6	KODEX 200TR	278530	20,776	7.43	193,112,920
7	SK하이닉스	000660	1,222	3.90	101,426,000
8	NAVER	035420	276	3.15	81,972,000
9	KOSEF 200	069660	2,703	3.04	79,022,205
10	셀트리온	068270	226	2.86	74,354,000

(F202009은 2020년 9월에 만기가 도래하는 주가지수 선물)을 매수하는 식으로 운용한다. 이 종목의 주가가 코스피200의 변동에 2배 정비례하여 움직이는 것은 이런 이유에서다.

2배 정비례하는 투자 종목들

↗

코스피200에 2배 정비례하여 움직이는 유사 종목들을(도표 1-14)에 정리했으니 투자에 참고하기 바란다. 특히 거래량이 많으면서 수수료율이 낮은 종목을 고르는 것이 좋다.

다음 자료를 보면, 두 가지 특이한 사항이 눈에 띈다.

첫째, 레버리지 종목 중에서 KODEX레버리지의 거래량이 여타 종목보다 압도적으로 많다는 점이다. 다시 말해, 투자자들이 코스피200에 레버리지로 투자하는 경우 대부분 KODEX레버리지를 편애한다는 것이다.

(도표 1-14) 코스피200 레버리지 종목

종목명	종목코드	수수료율	상장주식수(천주)	거래량(천주)
KODEX레버리지	122630	0.640%	334,800	185,577
TIGER레버리지	123320	0.090%	4,100	1,172
KINDEX레버리지	152500	0.300%	5,500	517
KBSTAR200선물레버리지	252400	0.600%	3,900	96
KOSEF200선물레버리지	253250	0.460%	2,100	10
ARIRANG200 동일 가중	295820	0.230%	6,850	-

둘째, 국내 주식시장에서 레버리지 종목이 1배 종목보다 거래량이 월등하게 많다는 점이다. 앞서 (도표 1-9)의 KODEX200의 거래량이 평균 19,428천주인 데 반해, 2배 정비례하는 KODEX레버리지의 거래량은 이보다 무려 10배 수준인 185,577천주를 기록하고 있다. 그만큼 국내 투자자들의 성향이 매우 공격적임을 알 수 있다.

05
코스피200에
반비례하는 종목들

안정형 투자자를 위한 1배 반비례 종목

이번에는 코스피200이 하락해야 이익이 나는 종목을 알아본다. 이들 종목의 이름에는 반드시 '인버스(inverse)'라는 명칭이 붙기 때문에, 구분하기가 그리 어렵지 않을 것이다. 인버스는 '반대 혹은 반비례'라는 의미를 담고 있는데, 일례로 'KODEX인버스' 종목이 있다.

다음 두 차트를 비교하면서 인버스에 관해 알아보자. (도표 1-15)는 과거 6개월 동안 코스피200의 움직임이고, (도표 1-16)은 같은 기간의 KODEX인버스의 주가 흐름이다. 언뜻 보아도 두 모양새가 위아래로 뒤집혀 있다는 것을 알 수 있다. 실제 두 차트의 모습은 정확하게 반비례해야만 한다. 왜냐하면, 당초 인버스 종목이 코스피200과는 상하가 뒤집히도록 설계되었기 때문이다.

(도표 1-15) 코스피200

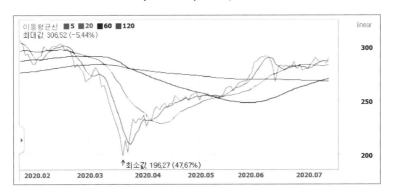

(도표 1-16) KODEX인버스(종목코드: 114800)

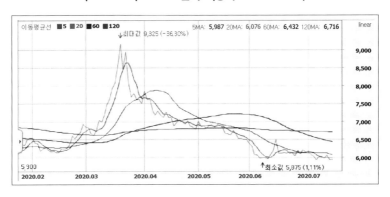

    이 기간에 코스피200의 최고치는 306포인트인데, 그때 KODEX
인버스의 주가는 최저치인 5,900원이었다. 한편, 같은 기간 코스
피200의 최저치가 196포인트인데, 그때 이 종목의 주가 최고치는
9,325원이었다. 이를 수익률로 환산해보면, 코스피200이 36% 하
락하면서 KODEX인버스는 58%나 주가가 상승했다. 두 비율이 이
론적으로 일치해야 하지만, 실제 여러 요인이 작용하여 차이가 나
고 있다. 다만, 그 방향성이 달라지지는 않는다. 다시 말해, 주가지

수와 인버스 종목의 주가가 동시에 하락하지는 않는다.

위의 내용을 정리해보면, 코스피200이 5% 상승하면 인버스 종목의 주가는 5% 하락하고, 반대로 코스피200이 5% 하락하면 인버스 종목의 주가는 5% 상승한다. 향후 코스피가 하락할 것으로 전망하는 투자자는 이 종목을 매수하라. 매수한 후에 코스피가 웬만큼 급락해 앞으로 상승할 것으로 판단되면, 즉시 매도하여 이익을 확정시켜라.

1배 반비례 종목의 투자수익률

투자자가 KODEX인버스에 투자했더라면 기간별로 얼마큼의 수익률을 얻었을까? 이 종목이 처음 거래된 2009년 9월에 매수하여 현재까지 보유했다면, 이익은커녕 (-)38.38%의 손실을 입었을 것이다. 그 당시 100만원을 투자했더라면 39만원이 줄어들어 원금이 62만원으로 쪼그라들었다는 뜻이다. 같은 기간에 코스피200이 32%만큼 상승했기 때문이다(도표 1-17 참조).

개인이 인버스 종목에 투자할 때 중시할 사항이 있다. 이 종목이 처음 만들어져 거래된 이후 계속 마이너스(-) 수익률을 보이는데, 그 비율이 늘었다 줄었다 한다는 것이다. 일례로 이 종목은 1년간 (-)14.67%, 6개월간 (-)4.58%, 3개월간 (-)18.25%, 마지막으로 1개월간 (-)4.04%를 기록했다.

이로 미루어, 그 기간에 코스피200은 상하 10% 범위에서 오르락

(도표 1-17) KODEX인버스의 수익률 차트

	1개월	3개월	6개월	1년	3년	5년	설정이후
NAV	-4.75	-18.23	-4.54	-14.71	-4.34	-26.89	-38.91
기초지수	4.09	20.06	-3.11	7.48	-6.87	18.83	28.91
참조지수	-4.67	-18.05	-4.17	-13.84	-1.44	-23.01	-31.88
시장가격(종가)	-4.04	-18.25	-4.58	-14.67	-4.20	-26.41	-38.88

- 해당 ETF는 기초지수 일별 수익률의 일정 배수를 추적하는 EFT로서, 기초지수의 기간 누적 수익률과 해당 ETF의 누적 수익률은 상이할 수 있습니다.
- 이에 투자자들의 투자 참고를 위해 참조지수가 존재합니다. 참조지수는 기초지수의 일별 수익률의 일정 배수를 반영한 지수입니다.
- 수익률 표는 분배금 재투자를 가정한 세전 수익률 기준입니다.

내리락하는 박스권에 갇혀 있다는 것과, 이에 따라 장기 투자보다는 단기 매매(저점 매수 고점 매도) 투자 패턴이 수익률을 높이는 길이라는 것이다.

1배 반비례 종목의 구성 내역

인버스 종목을 어떻게 설계했기에 코스피200과 반비례하면서 수익이 발생할까? KODEX인버스가 보유하고 있는 종목을 나열하면 (도표 1-18)과 같다.

(도표 1-18) KODEX인버스의 주요 투자 종목

NO	종목명	종목코드	수량	비중(%)	평가금액(원)
1	설정현금액	CASH00000001	594,198,973	-	594,198,973
2	원화예금	KRD010010001	594,198,973	-	594,198,973
3	KODEX 200	069500	-548	-2.68	-15,935,840
4	F202009	KR4101Q90009	-7.97	-97.18	-577,426,500

• 해당 ETF는 현금납입형 ETF입니다. 설정/환매시 납입이 기본이며, 납입된 현금으로 ETF의 포트폴리오를 구성합니다.

첫째, 구성 종목 중 KODEX200을 (-)548주 보유한 것이 눈에 띈다. 이전에 설명했듯이, KODEX200은 코스피200에 정비례하면서 수익이 발생하는 종목인데, 그 보유 수량이 마이너스(-)로 표시되어 있다. 여기서 마이너스란 그 수량만큼을 누군가(증권사나 연기금 등의 기관투자자)로부터 빌려와서 일단 매도했다는 뜻이다. 이런 투자 기법을 증권 전문용어로 공매도(空賣渡) 혹은 대주(貸株)라고 한다.

다음은 공매도를 정확하게 이해하기 위한 가상의 사례이다. 현재 삼성전자의 주가가 25,000원인데, 향후 반도체 가격 하락 등으로 인한 실적 악화로 주가기 하락힐 것이라고 100% 확신했다고 가정하자. 당연히 보유하고 있던 삼성전자 주식을 매도하는 것이 손실을 줄이는 방법이다.

이때 주가 하락을 이용해서 투자 이익을 내는 빙법이 공매도나 대주이다. 증권사로부터 삼성전자 주식을 빌려서 현재 주가인 25,000원에 일단 매도한다. 그 후 실제 주가가 20,000원으로 하락하면 그때 주식을 매수하여 증권사에 반납하면 된다. 이런 공매도

거래에 따라 주가가 하락하더라도 5,000원의 주가 차익을 얻을 수 있다. 그런데 당초 전망과는 달리 삼성전자의 주가가 30,000원으로 상승하면 어떻게 해야 할까? 당연히 30,000원에 매수하여 증권사에 반납해야 하므로 5,000원의 손실을 보게 된다. 일방적으로 이익만 챙기는 투자는 이 세상에 존재하지 않는다.

둘째, KODEX인버스의 항목 중 F202009, 설정현금액, 원화예금 등이 편입되어 있다. 그 의미를 설명하면, 선물거래소에서 코스피 200 선물 상품(2020년 9월물)을 해당 수량만큼 매도한 상태(마이너스로 표시)라는 것이다. 왜냐하면, 주가지수 선물을 매도하면 코스피 200이 하락해야만 이익을 낼 수 있기 때문이다. 이런 주가지수 선물거래에 대한 거래 담보금 등의 명목으로 금융기관에 그 예금액만큼 예치해 놓은 상태다.

1배 반비례하는 투자 종목들

끝으로 코스피200에 반비례하는 종목들을 (도표 1-19)에 정리했으니, 투자에 참고하기 바란다. 삼성자산운용이 관리하는 KODEX인버스의 거래량이 압도적이라는 사실을 알 수 있다.

(도표 1-19) 코스피200의 반비례 종목

종목명	종목코드	수수료율	상장주식수(천주)	거래량(천주)
KODEX인버스	114800	0.640%	182,500	41,267
KINDEX인버스	145670	0.150%	800	25
TIGER인버스	123310	0.090%	12,000	242
KBSTAR200선물인버스	252410	0.600%	600	11
KOSEF200선물인버스	253240	0.460%	780	5

06
코스피200에
2배 반비례하는 종목들

공격적 투자자를 위한 더블 인버스 종목

이번에는 공격적 투자자를 위해 2배 인버스 종목을 알아본다. 주식시장에서 속칭 '더블인버스' 혹은 '곱버스'라고도 부른다. 대표적으로 삼성자산운용에서 관리하는 'KODEX200선물인버스X2'가 있다. 이 종목은 KODEX인버스와 거의 모든 면에서 유사하다. 단지 코스피200이 5% 하락하면 이 종목의 주가는 10% 상승한다는 차이만 있다. 반대로 코스피200이 5% 상승하면 이 종목의 주가는 10% 하락한다. 수익률도 두 배, 위험도 두 배라는 점에서 공격적 투자자가 선호할 만한 종목이다.

(도표 1-20)과 (도표 1-21)을 비교해 보며 더블인버스에 관해 알아보자. (도표 1-20)은 앞 절에 나온 KODEX인버스의 주가 그래

(도표 1-20) KODEX인버스(종목코드: 114800)

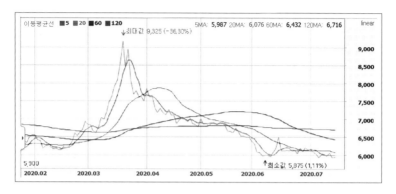

(도표 1-21) KODEX200선물인버스X2(종목코드: 252670)

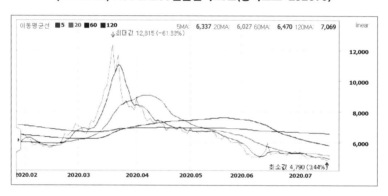

프이고, (도표 1-21)은 2배 인버스 종복의 주가 변동이다. 서로 일
치하는 방향으로 두 종목을 설계했기 때문에, 두 차트의 모양새는
주가의 진폭만을 제외하고 똑같다.

그러면 유일한 차이점인 주가 진폭에 대해 알아보사. 해당 기간의
KODEX인버스의 주가 최고치는 9,325원이고 최저치는 5,875원이
다. 만약 최고치에서 매수하여 최저치에서 매도했다면 투자 손실은
(-)37%이다. 반대로 최저치에서 매수하여 최고치에서 매도했다면

60%의 이익을 얻는다.

한편, 같은 기간에 더블인버스의 주가 최고치는 12,815원이고 최저치는 4,790원이다. 최고치에서 매수하여 최저치에 매도했다면 63%의 투자 손실을, 반대의 경우 168%의 투자 이익을 얻는다.

원래 더블인버스 종목은 인버스 종목의 투자수익률 대비 정확하게 2배만큼 기록해야 한다. 만약 같은 기간의 KODEX인버스의 수익률이 60%라면, 더블인버스는 그 2배인 120%의 수익률을 기록해야 한다. 그런데 이보다 높은 168%를 기록한 것이다. 기간 수익률의 차이 등 여러 요인이 복합적으로 작용하여 2배 내외에서 수익률의 편차가 발생한 것이다. 원칙적으로 코스피200이 5% 하락하면 더블인버스 종목의 주가는 2배인 10% 상승하고, 반대로 코스피200이 5% 상승하면 그 주가는 10% 하락해야 하지만 이처럼 기간 수익률과 편차가 발생할 수도 있다.

위의 내용을 정리하면, 앞으로 코스피200이 하락할 것이라 100% 확신하고, 그 하락률의 곱절 수익을 원한다면 더블인버스 종목을 매수하라. 하지만 확신에서 어긋나는 사태가 발생할 때에는 손실이 막대하다는 사실만 명심하자.

2배 반비례 종목의 투자수익률

투자자가 더블인버스 종목에 투자했더라면 기간별로 얼마큼의 수익률을 얻었을까? 이 종목이 최초 거래된 2016년 9월에 매수하

(도표 1-22) KODEX200선물인버스X2의 수익률 차트

	1개월	3개월	6개월	1년	3년	5년	설정이후
NAV	-10.50	-31.25	-14.86	-34.80	-21.29	-	-51.98
기초지수	5.14	17.67	-3.57	8.48	-6.76	-	17.87
참조지수	-	-	-	-	-	-	-
시장가격(종가)	-9.94	-31.08	-14.82	-34.69	-21.12	-	-

• 해당 ETF는 기초지수 일별 수익률의 일정 배수를 추적하는 EFT로서, 기초지수의 기간 누적 수익률과 해당 ETF의 누적 수익률은 상이할 수 있습니다.
• 이에 투자자들의 투자 참고를 위해 참조지수가 존재합니다. 참조지수는 기초지수의 일별 수익률의 일정 배수를 반영한 지수입니다.
• 수익률 표는 분배금 재투자를 가정한 세전 수익률 기준입니다.

여 현재까지 보유했다면 (-)22.36%의 누적 손실을 기록했을 것이다. 그때 100만원을 투자했더라면 투자원금이 78만원으로 줄었다는 뜻이다. 같은 기간의 기초지수(코스피200)는 단지 6% 하락했는데도 불구하고, 이 종복의 수익률이 플러스(+)가 아닌 마이너스(-)를 기록한 것이다.

이 종목과 관련하여 특이한 사항이 하나 있다. 보유 기간이 짧을수록 이 종목의 수익률이 기초지수 등락률의 거의 2배에 근접했다는 것이다. 예를 들어, 1개월간 기초지수는 10.40% 상승했는데, 이 종목의 주가는 18.46% 하락했다. 반면에, 1년 동안 기초지수는 8.48% 상승했는데, 이 종목의 주가는 34.85%나 하락했다. 이로 미루어 보아 보유 기간이 짧을수록 기초지수 등락률의 2배 반비례하지만, 보유 기간이 늘어날수록 기초지수 등락률과 투자수익률의 편차가 더욱 커진다는 것이다. 따라서 더블인버스 종목에 장기 투자하기보다는 단기 매매(저점 매수 고점 매도) 투자 패턴이 수익률을 지키는 방법이다.

2배 반비례 종목의 구성 내역

KODEX인버스는 코스피200에 정비례하는 종목을 공매도하거나 혹은 주가지수 선물을 매도하는 방식으로 운용한다. 그러면 더블인버스 종목은 어떻게 설계했기에 2배 반비례 효과가 나타날까?

기본적인 설계 원리는 아주 간단하다. 더블인버스에 편입된 종목을 나열하면 (도표 1-23)과 같다.

첫째, 전체 투자금액의 절반만큼을 코스피200에 1배 반비례하는

(도표 1-23) KODEX200선물인버스X2의 주요 투자 종목

NO	종목명	종목코드	수량	비중(%)	평가금액(원)
1	설정현금액	CASH00000001	486,565,295	-	486,565,295
2	원화예금	KRD010010001	449,603,615	-	449,603,615
3	KODEX인버스	114800	6,286	7.60	36,961,680
4	F 202009	KR4101Q90009	-12.82	-192.70	-937,622,750

• 해당 ETF는 현금납입형 ETF입니다. 설정/환매시 납입이 기본이며, 납입된 현금으로 ETF의 포트폴리오를 구성합니다.

KODEX인버스 종목을 매수하여 편입한다. 나머지 절반의 자금은 주가지수 선물을 매도(F202009)한다. 이 종목의 주가가 코스피200의 변동에 대해 2배 반비례하여 움직이는 것은 그런 이유에서다.

2배 반비례하는 투자 종목들

국내 주식시장에서 거래되는 코스피200에 2배 반비례하는 종목들을 〈도표 1-24〉에 정리했으니, 투자에 참고하기 바란다.

투자에 참조할 만한 두 가지 특이점이 있다.

첫째, 더블인버스 종목 중에서 'KODEX200선물인버스X2'의 거래량이 여타 종목보다 압도적으로 많다는 점이다. 코스피200에 더블인버스 종목에 투자하는 대부분의 투자자들이 이 종목을 굉장히 선호한다는 것이다.

〈도표 1-24〉 코스피200에 2배 반비례하는 종목

종목명	종목코드	수수료율	상장주식수(천주)	거래량(천주)
TIGER200선물인버스2X	252710	0.090%	25,100	2,782
KODEX200선물인버스2X	252670	0.640%	520,000	153,501
KBSTAR200선물인버스2X	252420	0.600%	7,300	355
KOSEF200선물인버스2X	253230	0.460%	1,750	53
ARIRANG200선물인버스2X	253160	0.060%	300	82

둘째, 국내 주식시장에서 더블인버스 종목이 1배 인버스 종목보다 거래량이 월등하게 많다는 점이다. 앞서 (도표 1-19)의 1배 인버스 종목인 KODEX인버스의 거래량이 41,297천주인 데 반해, 2배 반비례하는 이 종목의 거래량은 무려 4배나 많은 153,501천주이다. 그만큼 국내 투자자들의 성향이 매우 공격적임을 알 수 있다.

07
성장성이 돋보이는
코스닥지수

코스닥지수, 코스피와 무엇이 다른가?

코스닥지수는 코스피와 같이 '시가총액비교법'에 따라 계산한다.

앞 절에서 설명한 코스피의 주요 내용을 정리해 보면, 코스피는 기준시점(1980년 1월 2일)의 시가총액 67조원을 100포인트로 정한 후, 비교시점의 시가총액과 비교하는 방식으로 측정한다. 예를 들어, 비교시점의 시가총액이 1,340조원이라면 코스피는 2,000포인트로 나타난다.

그러면 코스닥지수는 코스피와 어떤 면에서 차이가 날까? 두 지수간의 주된 차이점을 비교하여 정리했다.

첫째, 기준시점이 다르다. 코스닥지수의 기준시점은 코스닥시장이 개설된 1997년 7월 1일이다.

둘째, 기준시점의 시가총액과 기준 포인트가 다르다. 코스피는 기준시점의 시가총액 67조원을 100포인트로 정한 데 반해, 코스닥지수는 기준시점의 시가총액 370조원을 1,000포인트로 정했다. 이에 따라 코스피의 1포인트당 시가총액은 6,700억원이고, 코스닥지수의 해당 금액은 3,700억원이다.

예를 들어, 코스피가 100포인트 상승하면 67조원의 재산가치가 늘어난다. 한편, 코스닥지수가 100포인트 상승하면 시가총액은 37조원이 늘어나고, 주식 소유자들의 재산 가치가 그만큼 증가한다.

$$코스닥지수 = \frac{비교시점\ 시가총액(260조원)}{기준시점\ 시가총액(370조원)} \times 1,000 ≒ 700포인트$$

$$1포인트\ 금액 = \frac{비교시점\ 시가총액\ 260조원}{700포인트} = 3,714억원$$

셋째, 코스피가 2,000포인트라면 기준시점에 대비해 주가가 평균 20배 상승했다는 것이다. 한편, 코스닥지수가 700포인트라면 기준시점 대비 주가가 평균 30% 하락했다는 의미이다.

넷째, 코스피의 시가총액이 1,800조원일 때 코스피는 2,000포인트가 된다. 한편, 코스닥지수가 700포인트이면 그 시가총액은 260

(도표 1-25) 코스닥시장의 시가총액 상위 20개 종목

N	종목명	현재가	전일비	등락률	액면가	거래량	상장주식수	시가총액	외국인비율	PER
1	셀트리온헬스케어	102,800	▼ 900	-0.87%	1,000	783,718	151,406	155,646	17.69	114.73
2	셀트리온제약	131,700	▼ 1,100	-0.83%	500	236,404	35,807	47,158	8.2	446.44
3	에이치엘비	87,200	▲ 200	+0.23%	500	345,412	52,646	45,907	12.32	-83.93
4	씨젠	174,600	▲ 8,200	+4.93%	500	2,439,881	26,234	45,805	14.49	82.79
5	알테오젠	287,200	▼ 600	-0.21%	500	81,818	13,996	40,196	11.61	795.57
6	에코프로비엠	131,500	▼ 700	-0.53%	500	214,098	20,964	27,568	5.06	83.28
7	케이엠더블유	68,100	▼ 2,400	-3.40%	500	2,141,203	39,821	27,118	11.63	28.35
8	펄어비스	206,000	▼ 7,700	-3.60%	500	39,983	13,080	26,944	22.14	13.99
9	CJ ENM	121,100	▼ 1,600	-1.30%	5,000	61,743	21,929	26,556	19.19	29.97
10	스튜디오드래곤	87,900	▼ 600	-0.68%	500	108,966	28,096	24,697	8.81	95.86
11	SK머티리얼즈	220,900	▼ 2,600	-1.16%	500	78,990	10,548	23,300	14.66	18.21
12	제넥신	95,200	▼ 1,500	-1.55%	500	232,766	23,819	22,676	7.92	-36.18
13	콜마비앤에이치	62,600	▲ 1,400	+2.29%	500	519,282	29,544	18,494	5.68	31.05
14	리노공업	116,900	▼ 5,200	-4.26%	500	55,039	15,242	17,818	42.43	29.80
15	솔브레인홀딩스	95,900	0	0.00%	500	0	17,398	16,685	26.88	12.37
16	원익IPS	33,000	▼ 700	-2.08%	500	264,807	49,084	16,198	27.61	31.37
17	컴투스	122,600	▼ 1,700	-1.37%	500	35,460	12,866	15,774	34.83	14.16
18	헬릭스미스	58,900	▼ 1,000	-1.67%	500	125,729	26,766	15,765	11.89	-13.02
19	메지온	172,400	▼ 3,300	-1.88%	500	40,490	8,706	15,009	16.73	-66.98
20	동진쎄미켐	28,600	▼ 1,000	-3.38%	500	1,150,712	51,414	14,705	8.99	22.50

• 시가총액은 억원, 상장주식수는 1,000주, 외국인비율은 %, 시가총액은 현재가에 상장주식수를 곱해 계산함.
출처: 네이버증권(2020. 7월)

조원이 된다. 국내의 두 주식시장의 시가총액을 합하면 대략 2,060 조원이 된다. 명목가격 국내총생산(GDP)인 1,919조원과 거의 비슷한 규모이다.

다섯째, 코스피의 시가총액 1,800조원을 전체 회사 수인 900개로 나누면, 회사별 평균 시가총액이 2조원으로 계산된다. 한편, 코스닥시장의 시가총액 260조원을 전체 회사인 1,400개로 나누면 각 사별 평균 시가총액이 1,860억원으로 나타난다. 코스닥시장의 회사 규모가 코스피시장에 비해 대략 10분의 1수준으로 나타난다. 코스피시장에는 전통 대기업이 많아 안정성이 돋보이는 데 반해, 코스닥시장은 중소 벤처기업 위주로 구성되어 성장성이 두드러진다는 뜻이다.

코스닥시장의 시가총액 상위 20위 기업을 보면, 그 차이를 확연히 느낄 수 있다.

코스닥시장에서 시가총액이 가장 큰 회사(혹은 종목)는 '셀트리온 헬스케어(종목코드: 091990)'이다. 시가총액이 15.5조원으로 당시 코스닥시장 전체 시가총액의 6%를 차지한다. 다음 식을 참조하라.

셀트리온 헬스케어 시가총액 = 현재가 102,800원 × 주식수 151,406천주
= 15,564,536,800,000원 ≒ 15.5조원
셀트리온 헬스케어 시가총액 비중 = 15.5조원 / 260조원 ≒ 6.0%

코스닥시장의 대장주인 셀트리온 헬스케어 시가총액의 30% 수준인 4조원대의 바이오업체들이 그 뒤를 잇고 있다. 셀트리온제약(4.7조원), 에이치엘비(4.6조원), 씨젠(4,6조원), 알테오젠(4조원) 등 바이오 업체 4인방들이다.

코스닥150은 어떻게 선정되는가?

유가증권시장의 주가지수로 코스피와 코스피200이 있듯이, 코스닥시장도 코스닥지수 외에 코스닥150이 있다. 두 주가지수의 산정원리는 거의 유사하다. 코스닥시장에 상장된 전체 1,400여 종목 중특별히 엄선된 150개 종목만을 대상으로 시가총액을 비교하는 방식으로 코스닥150이 계산된다. 먼저, 다음 요건과 절차에 따라 150개 종목을 선정한다.

첫째, 전체 코스닥 상장회사들을 주가에 유동주식수를 곱한 시가총액이 큰 순서대로 나열한다. 유동주식에 대한 설명은 앞서 코스피200의 내용을 참조하기 바란다.

둘째, 코스닥시장의 상장종목을 크게 기술주섹터와 비기술주섹터로 구분한다. 섹터(sector)란 일종의 '산업'을 뜻하는 증권용어다. 기술주섹터에는 정보기술(IT, Information Technology), 바이오기술(BT, Bio Technology), 컴퓨터기술(CT, Computer Technology) 기업들이 속해 있다. 비기술주섹터는 소재, 산업재, 필수소비재, 자유소비재 등 4개 분야로 나눈다.

먼저 비기술주섹터에 속하는 4개 분야별로 전체 시가총액의 60% 이내에 해당하는 종목을 고르되, 시가총액이 큰 순서대로 선

(도표 1-26) 코스닥150의 업종 비중과 상위 10개 종목

업종비중   Sector weight   **상위10종목**   Top 10 Holdings

구분	비중(%)	종목명	업종	비중(%)
헬스케어	44.83	셀트리온헬스케어	헬스케어	12.05
정보 기술	21.65	에이치엘비	임의소비재	4.70
임의소비재	9.45	알테오젠	헬스케어	3.15
커뮤니케이션서비스	7.95	셀트리온제약	헬스케어	2.41
소재	6.89	제넥신	헬스케어	2.14
산업	4.75	씨젠	헬스케어	2.02
필수소비재	3.27	케이엠더블유	정보 기술	1.92
금융	0.70	메지온	헬스케어	1.74
etc.	0.29	헬릭스미스	헬스케어	1.65
		펄어비스	커뮤니케이션서비스	1.57

• 상기 업종비중은 GICS 대분류 기준입니다.

정한다. 그 외 나머지 종목은 기술주섹터에서 선정한다. 가령 비기술주섹터에서 60개 종목이 선정되었다면 나머지 90개 종목은 기술주섹터에서 선정하는 식이다. 이때 역시 시가총액이 큰 순서로 90개 종목을 선정한다.

이와 같이 선정된 종목의 시가총액이 300위권 밖에 있으면 해당 종목은 제외하고, 섹터 구분 없이 시가총액이 큰 종목으로 대체한다. 코스닥150은 매년 6월과 12월 두 차례에 걸쳐 정기적으로 변경한다. 이때 시가총액은 과거 6개월간의 주가와 거래량을 참작하여 계산한다.

그러면 코스닥150에 속한 종목들의 업종별(섹터별) 시가총액 비중은 어느 정도일까? (도표 1-26)에서 보듯이, 셀트리온헬스케어 등 7개 종목이 속한 헬스케어 섹터가 시가총액의 절반에 조금 못 미치는 비중인 45%를 점하고 있다. 뒤를 이어 케이엠더블유 등의 정보기술 섹터(전기·전자 산업군)가 22%의 비중을 차지한다. 각종 신약을 개발했다는 소문만 퍼지면 코스닥지수가 급등하는 이유가 여기에 있다.

08
코스닥150에
정비례하는 종목들

안정적 투자자를 위한 1배 정비례 종목

코스닥지수에 투자할 때 종목을 선정하는 방식은 코스피 때와 똑같다. 또한, 코스닥지수에 투자하는 종목 이름을 이해하는 방식 역시 코스피 때와 동일하다. 종목명 앞에 붙은 KODEX, KINDEX, TIGER 등은 자산운용회사들이 붙인 이름이다. KODEX는 삼성자산운용, KINDEX는 한국투자신탁운용, TIGER는 미래에셋자산운용이 맡고 있다.

앞서 코스피 종목명에 붙은 용어 중 레버리지(leverage)는 코스닥지수가 상승하면 그 종목의 주가가 2배만큼 오르므로 높은 투자수익을 노리는 공격적 투자자에게 적합하다. 인버스(inverse)가 붙은 종목은 코스닥지수에 반비례하는 것으로, 코스닥지수가 하락해야

(도표 1-27) 코스닥지수

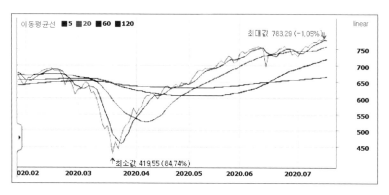

(도표 1-28) KODEX코스닥150(종목코드: 229200)

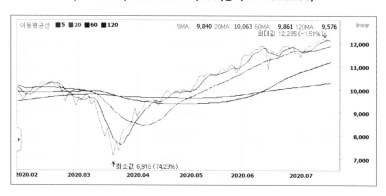

주가가 상승한다.

코스닥지수 투자와 관련하여 처음 소개할 종목은 'KODEX코스닥150'이다. 이 종목의 주가는 코스닥150의 변동과 1배 정비례하여 움직인다. 예를 들어, 코스닥150이 5% 상승하면 이 종목의 주가는 5% 상승하고, 코스닥150이 5% 하락하면 그 주가 역시 5% 하락한다. 향후 코스닥지수가 상승할 것으로 전망되면 이 종목에 투자한다.

(도표 1-27)과 (도표 1-28)의 두 그래프를 보면, 코스닥지수와 KODEX코스닥150의 주가 움직임이 같은 모양새를 보인다. 서로 완벽하게 정비례하는 관계라는 것이다(네이버 증권에서 코스닥150 그래프를 제공하지 않기 때문에 코스닥지수로 대신 표시함).

코스닥지수는 과거 6개월 동안 최저치 419포인트, 최고치 783포인트를 기록해 84%의 상승률을 보였다. 같은 기간 이 종목의 주가는 최저점인 6,916원에서 최고점인 12,235원으로 77%만큼 올랐다. 원래 코스닥지수와 이 종목의 상승률은 이론적으로 일치해야 하지만, 기간 수익률의 편차 등 다양한 요인이 복합적으로 작용해 약간씩 차이가 나고 있다.

1배 정비례 종목의 투자수익률

투자자가 KODEX코스닥150에 투자했더라면 기간별로 어느 정도의 수익률을 얻었을까? 이 종목이 최초로 거래되기 시작한 2015년 10월부터 현재까지의 수익률을 보면 21.19%로 나타났다. 과거 100만원을 투자했더라면 원금이 121만원으로 늘었다는 의미다. 같은 기간의 코스닥150은 비슷한 수준인 21.51% 상승했다.

많은 사람이 주식시장에 대해 한 가지 선입관을 갖고 있는데, 바로 코스닥지수가 코스피에 비해 심하게 등락할 것으로 생각하는 것이다. 하지만, 지난 3년간의 두 주가지수의 변동치를 검토해보면, 의외로 기초지수(코스닥지수)는 10~20% 수준에서 비교적 안정적

(도표 1-29) KODEX코스닥150의 투자수익률

	1개월	3개월	6개월	1년	3년	5년	설정이후
NAV	4.37	25.68	20.60	25.53	23.66	-	22.29
기초지수	4.33	25.76	20.30	24.24	19.69	-	16.44
시장가격(종가)	4.69	23.70	18.44	23.15	19.30	-	-

• 수익률 표는 분배금 재투자를 가정한 세전 수익률 기준입니다.

인 모습을 보인다. 일례로 이 종목을 1년간 보유하면 21.92%, 6개월간 17.62%, 3개월간 26.09%, 마지막으로 1개월간 12.05% 상승으로 나타난다. 해당 기간 동안 코스닥150이 아주 좁은 박스권 안에서 오르락내리락한다는 것과, 단기 매매(저점 매수 고점 매도) 투자 패턴이 수익률을 끌어 올린다는 사실이다.

1배 정비례 종목의 구성 내역

앞서 설명한 KODEX200이 코스피200에 편입된 종목들로 구성된 것처럼, KODEX코스닥150은 코스닥시장에서 거래되는 총 1,400여 개 종목 중에서 시가총액이 큰 순서대로 150개 종목만을 엄선하여 운용한다. (도표 1-30)은 150개 중에서 투자 비중이 높은

(도표 1-30) KODEX코스닥150의 주요 구성 항목

NO	종목명	종목코드	수량	비중(%)	평가금액(원)
1	원화예금	KRD10010001	816,967	-	816,967
2	셀트리온헬스케어	091990	660	11.13	68,442,000
3	에이치엘비	028300	301	4.26	26,187,000
4	씨젠	096530	124	3.36	20,633,600
5	알테오젠	196170	70	3.28	20,146,000
6	셀트리온제약	068760	113	2.44	15,006,400
7	제넥신	095700	136	2.14	13,151,200
8	케이엠더블유	032500	179	2.05	12,619,500
9	헬릭스미스	084990	162	1.58	9,703,800
10	펄어비스	263750	43	1.49	9,189,100

순서로 상위 10개 종목을 나열한 것이다. (도표 1-30)처럼 투자자금 전액을 150개 종목의 시가총액 비중에 분산 투자하고 있다.

그중 셀트리온 헬스케어(11.13%), 에이치엘비(4.26%), 씨젠(3.36%), 알테오젠(3.28%) 등이 높은 비중을 차지하고 있다. 향후 신약 개발 등에 따라 바이오업계의 경영실적이 훨씬 나아지리라 판단되면 KODEX코스닥150을 매수하라. 하지만, 이들 기업의 주가가 실적보다 고평가된 상태라고 판단되면 과감하게 매도하기 바란다.

1배 정비례하는 투자 종목들

KODEX코스닥150을 포함하여 유사한 방식으로 운용되는 종목들의 거래량과 수수료를 (도표 1-31)에 정리하였다. 어떤 종목에 투자하더라도 비슷한 투자 결과를 얻는다. 다만, 거래량에 주목해 종목을 고르는 것이 좋다.

(도표 1-31) 코스닥150의 1배 정비례 종목들

종목명	종목코드	수수료율	상장주식수(천주)	거래량(천주)
KODEX코스닥 150	229200	0.250%	33,350	5,246
KINDEX코스닥150	354500	0.100%	1,700	22
TIGER코스닥150	232080	0.190%	28,620	993

09
코스닥150에
2배 정비례하는 종목들

공격적 투자자를 위한 레버리지 종목

이번에는 이익도 손실도 두 배로 확대된, 공격적인 종목을 소개한다. 종목명은 'KODEX코스닥150레버리지'로, 코스닥지수와 정비례하여, 주가의 상승 및 하락률을 2배로 겨냥해 설계한 종목이다. 그래서 '레버리지'라는 이름이 붙었다.

(도표 1-32)와 (도표 1-33)을 비교해 보며 레버리지 종목에 관해 알아보자. (도표 1-32)는 1배 정비례하는 KODEX코스닥150의 차트이고, (도표 1-33)은 같은 기간에 KODEX코스닥150레버리지의 주가 움직임을 나타내는 그래프이다. 당초 그 모양이 서로 정확하게 일치하도록 종목을 설계했기 때문에, 두 차트는 주가의 진폭을 제외하고는 똑같다.

(도표 1-32) KODEX코스닥150(종목코드: 229200)

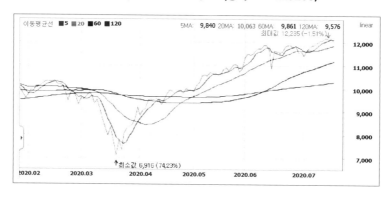

(도표 1-33) KODEX코스닥150 레버리지(종목코드: 229200)

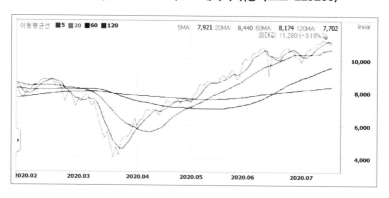

　그러면 유일한 차이점인 주가의 진폭에 대해 살펴보자. 이 기간의 KODEX코스닥150의 주가 최고치는 12,235원이고 주가 최저치는 6,915원이다. 최저치에서 매수하여 최고치에서 매도했다면 77%의 이익을 기록한다. 반면에 최고치에서 매수하여 최저치에서 매도했다면 손실률은 (-)43%가 된다.

　한편, 같은 기간 레버리지 종목의 주가 최고치는 11,260원이고 최저치는 3,700원이다. 최저치에서 매수하여 최고치에서 매도했다면 204%의 투자 수익을, 그 반대의 경우 (-)67%의 투자 손실을 보게 된다.

원래 레버리지 종목의 투자수익률은 1배 정비례 종목보다 정확히 2배가 되도록 설계해야 한다. 다만, 기간 수익률의 편차 등 여러 요인이 복합적으로 작용하여 2배 내외에서 약간씩 차이가 날 수 있다. 여하튼 코스닥150이 5% 상승하면 레버리지 종목의 주가는 2배인 10% 상승하고, 반대로 코스닥150이 5% 하락하면 주가는 10% 하락한다.

향후 코스닥지수가 상승할 것이라고 100% 확신하고 그 상승률의 2배의 수익률을 원한다면, 과감하게 레버리지 종목을 매수하라. 그 후 코스닥지수가 충분히 상승해서 앞으로 하락할 것으로 판단되면, 즉시 매도하라. 다만, 코스닥지수가 자신의 예측과는 정반대로 움직이면 즉시 손절매하라. 그리고 투자에서 잠시 손을 떼고 마음을 다스리는 휴식기를 두기 바란다.

2배 정비례 종목의 투자수익률

투자자가 KODEX코스닥150레버리지에 투자했더라면 기간별로 얼마큼의 수익률을 얻었을까? 이 종목이 최초로 거래되기 시작한 2015년 12월에 매수하여 현재까지 보유했다면 10.97%의 수익률을 기록했다. 그 당시 100만원을 투자했더라면 원금이 111만원으로 늘었다는 뜻이다. 같은 기간의 기초지수인 코스닥150은 2배나

(도표 1-34) KODEX코스닥150 레버리지 수익률

	1개월	3개월	6개월	1년	3년	5년	설정이후
NAV	25.51	61.92	28.54	31.89	11.55	-	13.49
기초지수	12.07	28.32	19.22	23.31	21.51	-	19.25
참조지수	-	-	-	-	-	-	-
시장가격(종가)	24.44	61.49	28.30	30.40	10.97	-	-

- 해당 ETF는 기초지수 일별 수익률의 일정 배수를 추적하는 EFT로서, 기초지수의 기간 누적 수익률과 해당 ETF의 누적 수익률은 상이할 수 있습니다.
- 이에 투자자들의 투자 참고를 위해 참조지수가 존재합니다. 참조지수는 기초지수의 일별 수익률의 일정 배수를 반영한 지수입니다.
- 수익률 표는 분배금 재투자를 가정한 세전 수익률 기준입니다.

높은 21.51% 상승했다. 장기간 투자하는 상황에서, 말 그대로 레버리지라는 뜻이 무색할 정도로 수익률의 편차가 극심하다는 것이다.

한편, 단기간의 수익률 변동치를 살펴보면 레버리지에 걸맞은 투자수익률이 나타난다. 일례로 기초지수인 코스닥150지수의 1개월(12.07%), 3개월(28.32%), 6개월(19.22%)의 변동치와, 같은 기간의 이 종목의 수익률인 1개월(24.44%), 3개월(61.49%), 6개월(28.30%)을 서로 비교하면 2배 수준에서 정비례한다는 사실을 알 수 있다. 따라서 레버리지 종목은 장기 투자보다는 단기 매매(저점 매수 고점 매도) 투자 패턴이 수익률을 높이는 지름길이다.

2배 정비례 종목의 구성 내역

↗

이미 알아본 바와 같이, KODEX코스닥150은 총 투자금액을 코스닥시장의 150개 종목에 분산투자하는 방식으로 운용한다. 그러면 레버리지 종목은 어떻게 해서 2배의 수익률이 날까? 투자 비중이 높은 상위 10개 종목을 나열하면 (도표 1-35)와 같다.

기본적인 설계 원리는 아주 간단하다. 첫째, 펀드를 구성하는 총 투자금액의 절반을 150개 개별 종목의 시가총액 비중만큼 분산 매수한다. 셀트리온헬스케어(9.17%), 에이치엘비(3.51%), 씨젠(2.77%), 알테오젠(2.70%), 셀트리온제약(2.01%) 등이 이에 해당한다.

둘째, 총 투자자금 중 나머지 절반을 코스닥150에 1배 정비례하는 종목(KODEX코스닥150, TIGER코스닥150 등)을 매수하거나, 코스

(도표 1-35) KODEX코스닥150레버리지의 주요 구성 종목

NO	종목명	종목코드	수량	비중(%)	평가금액(원)
1	설정현금액	CASH00000001	1,128,138,291	-	1,128,138,291
2	원화예금	KRD010010001	-647,416	-	-647,416
3	코스닥150 F 202009	KR4106Q90008	92.6	99.60	1,123,608,400
4	TIGER 코스닥150	232080	10,804	11.74	132,457,040
5	셀트리온헬스케어	091990	998	9.17	103,492,600
6	에이치엘비	028300	455	3.51	39,585,000
7	씨젠	096530	188	2.77	31,283,200
8	알테오젠	196170	106	2.70	30,506,800
9	KODEX 코스닥 150	229200	2,065	2.23	25,151,700
10	셀트리온제약	068760	171	2.01	22,708,800

닥 주가지수 선물(코스닥150 F202009)을 매수한다. 이 종목의 주가
가 코스닥150에 2배 정비례하여 움직이는 것은 그런 이유에서다.

2배 정비례하는 투자 종목들

코스닥 레버리지 종목들의 거래량과 수수료 등을 (도표 1-36)에
정리하였으니 투자에 참조하기 바란다.

여기에서 두 가지 특이한 사항을 강조하고자 한다. 첫째, 코스닥
레버리지 종목이 단 2개에 불과하다는 것이다. 둘째, 국내 주식시장
에서 코스닥 레버리지 종목이 1배 인버스 종목보다 월등하게 거래
량이 많다는 점이다. 앞서 (도표 1-31)의 KODEX코스닥150의 거
래량이 5,146천주인 데 반해, 2배 정비례하는 이 종목의 거래량은
4배나 많은 14,679천주였다. 그만큼 국내 투자자들의 성향이 매우
공격적임을 알 수 있다.

(도표 1-36) 코스닥150에 2배 정비례하는 종목들

종목명	종목코드	수수료율	상장주식수(천주)	거래량(천주)
KODEX코스닥150레버리지	233740	0.640%	83,600	14,679
TIGER코스닥150레버리지	233160	0.320%	10,650	526

10
코스닥150에
반비례하는 종목들

안정적 투자자를 위한 1배 반비례 종목

이번에 소개할 종목은 '인버스'로, 코스닥150과는 1배 반비례하는 종목이다. 종목명 'KODEX코스닥150인버스'는 코스닥지수가 하락해야 이익이 발생한다. 일례로 코스닥150이 5% 하락하면이 종목의 주가는 5%가 상승하여 이익이 발생한다. 하지만, 코스닥150이 5% 상승하면 5%의 투자 손실을 입는다. 향후 코스닥지수가하락할 것으로 전망되면 이 종목에 투자하면 된다.

(도표 1-37)과 (도표 1-38)을 비교해 보며 반비례 종목에 관해알아보자. (도표 1-37)은 과거 6개월간 코스닥지수의 움직임을,(도표 1-38)은 같은 기간에 'KODEX코스닥150인버스'의 주가 차트이다. 언뜻 보더라도 두 차트의 모양새가 위아래로 뒤집혀있다.

(도표 1-37) 코스닥지수

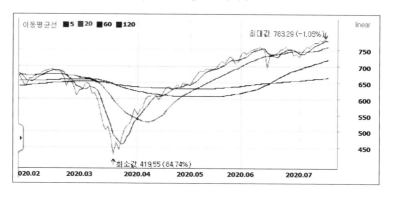

(도표 1-38) KODEX코스닥150 선물인버스(종목코드: 251340)

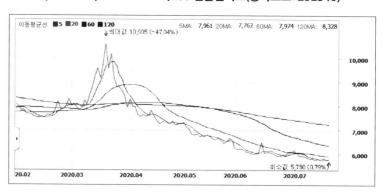

실제 두 차트는 정확하게 반비례해야만 한다. 왜냐하면, 당초 코스
닥지수와는 위아래가 뒤집히도록 이 종목을 설계했기 때문이다.

　과거 6개월간 코스닥지수 최저치는 419포인트에서 최고치 783
포인트로 87%가 상승했다. 같은 기간 이 종목의 주가는 최고치인
10,905원에서 최저치인 5,730원으로 47% 하락했다. 원래 두 비율
이 일치해야 하지만, 다양한 요인으로 인해 차이가 나고 있다.

1배 반비례 종목의 투자수익률

투자자가 KODEX코스닥150 선물인버스에 투자했더라면 기간별로 어느 정도의 수익률을 얻었을까? 이 종목이 최초로 거래되기 시작한 2018년 8월에 매수하여 현재까지 보유했다면 (-)39.35%의 손실을 기록했을 것이다. 만약 당시 100만원을 투자했더라면 손실액 39만원을 빼고 원금이 61만으로 줄었다는 뜻이다. 같은 기간의 코스닥150은 23%만큼 상승했다.

과거 수익률을 검토해보면 코스닥 인버스 종목에 투자할 때 고려할 사항이 있다. 이 종목이 처음 만들어진 시기에 기초지수(코스닥

(도표 1-39) KODEX코스닥150선물인버스의 투자수익률

	1개월	3개월	6개월	1년	3년	5년	설정이후
NAV	-5.27	-20.99	-23.80	-30.95	-39.27	-	-42.29
기초지수	5.21	24.13	19.54	26.26	23.99	-	28.93
참조지수	-	-	-	-	-	-	-
시장가격(종가)	-5.02	-20.81	-23.59	-30.67	-39.35	-	-

- 해당 ETF는 기초지수 일별 수익률의 일정 배수를 추적하는 EFT로서, 기초지수의 기간 누적 수익률과 해당 ETF의 누적 수익률은 상이할 수 있습니다.
- 이에 투자자들의 투자 참고를 위해 참조지수가 존재합니다. 참조지수는 기초지수의 일별 수익률의 일정 배수를 반영한 지수입니다.
- 수익률 표는 분배금 재투자를 가정한 세전 수익률 기준입니다.

150)가 급격하게 상승함으로써 (인버스 종목의 특징에 따라) 큰 손실을 기록했다는 것과, 그 후 기초지수가 고점을 찍고 하락 반전하여 그 손실 폭이 점점 줄어들고 있다는 것이다. 예를 들어 1년간 수익률이 (-)30.67%, 6개월간 (-)23.59%, 3개월간 (-)20.81%, 1개월간 (-)5.02%로 나타나고 있다. 이 기간에 코스닥지수가 계속 하락했다는 것이다.

1배 반비례 종목의 구성 내역

코스닥 인버스 종목의 설계 원리를 정리해보자. 이미 설명한 코스닥150에 1배 정비례 종목을 기관투자자로부터 빌려서 공매도한다. 그리고 코스닥150을 대상으로 하는 주가지수 선물을 매도한다. (도표 1-40)에 이런 투자 내용이 담겨있다.

(도표 1-40) KODEX코스닥150선물인버스의 주요 구성 내역

NO	종목명	종목코드	수량	비중(%)	평가금액(원)
1	설정현금액	CASH00000001	567,700,072	-	567,700,072
2	원화예금	KRD010010001	567,700,072	-	567,700,072
3	코스닥150 F 202009	KR4106Q90008	-45.89	-100.00	-567,700,072

• 해당 ETF는 현금납입형 ETF입니다. 설정/환매시 현금 납입이 기본이며, 납입된 현금으로 ETF의 포트폴리오를 구성합니다.

1배 반비례하는 투자 종목들

↗

(도표 1-41) 코스닥150의 1배 반비례 종목

종목명	종목코드	수수료율	상장주식수(천주)	거래량(천주)
TIGER코스닥150선물인버스	250780	0.320%	5,150	660
KODEX코스닥150선물인버스	251340	0.640%	88,800	26,285

국내 주식시장에서 거래되는 코스닥지수에 1배 반비례하여 움직이는 종목을 (도표 1-41)에 정리했으니 투자에 참고하기 바란다.

주가지수 종목을 총 정리하면

↗

끝으로 지금까지 설명한 주가지수 투자 종목을 총정리해 본다. 우선 코스피200과 코스닥150으로 각기 구분된다. 각 지수별로 상승

(도표 1-42) 주가지수 투자 종목 총정리

주가지수	전망	1배 수익률	2배 수익률
코스피200	상승	KODEX200 (069500)	KODEX레버리지 (122630)
	하락	KODEX인버스 (114800)	KODEX200선물인버스2X (252670)
코스닥150	상승	KODEX코스닥150 (229200)	KODEX코스닥150레버리지 (233740)
	하락	KODEX코스닥150선물인버스 (251340)	해당 사항 없음

또는 하락 여부를 결정한 후, 수익률을 1배 혹은 2배(레버리지) 등으로 다시 세분하다 보면, 크게 다음 8가지 종목으로 나눠진다.

현재 금융당국이 코스닥지수에 2배 반비례하는 종목은 허가하지 않고 있어, 국내 주식시장에는 코스닥 더블인버스 종목은 없는 상황이다.

제2장

단기 투자,
무작정 따라하기

01
봉차트를 활용한
단기매매

자신의 경험과 직감에 따른다

주식시장에서 미래 주가를 정확하게 맞출 수만 있다면 당연히 큰 돈을 벌 수 있다. 17세기 네덜란드에서 주식시장이 처음 개설된 이후 수많은 전문가가 미래 주가를 예측하려고 노력해왔다. 그들의 노력을 총정리해 보면 크게 두 가지 유형으로 나눠진다. 기술적 분석과 기본적 분석이다. 간혹 '효율적 시장가설'을 하나 더 추가하여 세 가지로 구분하기도 한다.

기술적 분석이란 과거의 주가 움직임과 거래량 등을 차트로 표시한 후, 그 추세를 분석하여 미래 주가가 어떻게 움직일지를 예측하는 기법이다(제2장의 주된 내용이다). 한편, 기본적 분석이란 기업의 본질가치(혹은 내재가치)를 측정하여 현재 주가와 비교한 후, 현재

(도표 2-1) KODEX200(종목코드: 069500)의 선차트

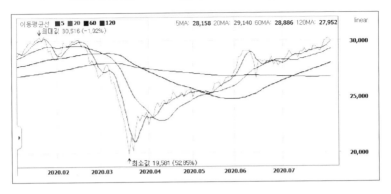

주가의 저평가나 고평가 여부에 따라 미래 주가의 방향성을 예측하는 기법이다(제3장의 주된 내용이다).

기술적 분석에 관한 사례를 살펴보자. (도표 2-1)은 코스피200에 1배 정비례하는 KODEX200의 선차트(line chart)이다. 이 종목의 주가는 2020년 2월 정점인 30,516원을 찍은 후, 여러 악재(경기 침체와 코로나 사태 등)로 인해 2개월 만에 최저점인 19,581원까지 35%나 급락했다. 그 후 V자의 회복세를 보이면서 이전 최고점인 3만원 선에 육박한 수준이다.

이 차트만 읽고 향후 주가가 계속 상승할 것으로 판단하는가? 아니면 폭락할 것으로 전망하는가? 이런 그래프를 철저히 검토하여 미래 주가를 예측하는 기법을 '기술적 분석'이라 부른다.

이 그래프만을 활용해 미래 주가를 예측하려면, 많은 투자 경험과 뛰어난 직감력이 요구된다. 예를 들어, 자신의 과거 투자 경험에 비추어, 한 번 급락한 주가가 전고점에 근접하면 재차 급락할 확률이

80%(10번 중 8번 정도)이기에 하락할 가능성이 클 것이라는 식이다. 이와는 정반대로, 한 번 급락했다가 주가가 급등하게 되면 60%(10번 중 6번)의 확률로 전고점 대비 20% 이상 상승할 것이라는 식이다.

장기간에 걸친 주식투자에 따라 많은 경험이 축적되어 있고, 자신의 직감력이 거의 신(神)의 반열에 육박할 정도라 자신한다면, 그 경험과 직감을 믿고 주식에 투자하면 된다.

봉차트(캔들차트)의 작성법을 이해한다

원래 인간의 경험이나 직감은 한계를 지니기 마련이다. 이 때문에, 사람들은 그 한계를 극복하기 위해 과학적, 기술적인 분석법을 개발하여 활용했다. 주식투자에 이용되는 기술적 분석 중에서 역사적으로 가장 오래되고 또한 가장 많이 활용하는 기법이 바로 '봉차트'와 '이동평균법'이다.

(도표 2-2)는 KODEX200의 선치트를 봉차드(Candle Chart)로 바꾼 그래프다. 이 차트에서 매일매일 봉(또는 캔들)이 하나씩 그려진 것이 제일 먼저 눈에 띈다. 또 봉의 길이가 매일 달라지고, 그 색깔도 어떤 날은 적색이고 어떤 날은 청색으로 그려져 있다.

원래 주식시장에서 주가는 매수세력과 매도세력의 치열한 힘겨루기에 따라 시시각각으로 움직인다. 매수세력이 세면 주가는 상승하고, 반대로 매도세력에게 힘이 실리면 주가는 하락한다. 양 세력이 팽팽하게 균형을 보이면 주가는 횡보한다.

봉차트는 하루 동안 양 세력의 다툼에 따라 움직인 주가를 시초가, 고가, 저가, 종가 등 4가지로 구분한다. 시초가는 주식시장이 열리면서 형성된 가격을, 고가와 저가는 당일의 가장 높은 가격과 낮은 가격을, 종가는 주식시장이 닫히면서 최종 결정된 가격을 말한다. 이 중 시초가와 종가를 갖고 양봉과 음봉으로 구분한다.

양봉 : 시초가 < 종가 : 빨간색(적색)으로 표시
음봉 : 시초가 > 종가 : 파란색(청색)으로 표시

봉차트를 활용할 때 가장 자주 많이 나오는 용어가 장대 음봉(반대로 장대 양봉)과 갭 상승(반대로 갭 하락)이다.

첫째, 장대 양봉과 장대 음봉에 관해 알아본다. 봉차트가 양봉이면 그날 매수세력이 강세를 보여 시초가보다 종가가 상승한 상황이고, 반대로 음봉이면 매도세력이 더 강해 시초가보다 종가가 하락한 상황이다. 어떤 특정한 날 봉의 길이가 짧다는 것은 시초가와 종가에 차이가 적다는 것이고, 이는 매도세력과 매수세력이 팽팽하게 균형을 보인다는 것이다. 반면에 봉의 길이가 길다는 것(장대 양봉, 장대 음봉)은 어떤 세력의 힘이 반대 세력보다 강해 주가가 크게 출렁거린다는 뜻이다. 다시 말해, 장대 음봉이란 매도세의 힘이 강해 시초가보다 종가가 크게 하락한 상태를, 장대 양봉이란 매수세의 힘이 강해 시초가와 비교해 종가가 크게 상승한 상황이다.

보통 주가가 고점이나 저점에 도달하면 장대 음봉이 나타나면서 그 추세가 반전되는 경우가 의외로 많다. 만약 주가가 고점을 찍은 후 크게 폭락하면 장대 음봉이 나타난다. 갑자기 시장에 악재가 노출되면서, 동시에 저가에 매수한 투자자들의 이익 실현 매물이 쏟아지면서 대폭락하는 상황이다. 고점에서 장대 음봉이 나타난 후 주가는 하락하면서 음봉의 길이가 점차 짧아진다. 아직 최저점에 도달하지 않았다는 신호다.

그러다가 어느 순간에 하락세를 멈추는 듯하던 봉차트가 추가 급락하면서 장대 음봉이 재차 나타난다. 그 이유는 주식을 보유한 사람들이 주가 하락의 공포감에 휩싸여 투매 대열에 가세하기 때문이다. 이때야말로 매도세가 소진된 최저점에 해당된다. 다시 말해, 주가가 바닥에서의 장대 음봉은 상승 추세로 전환되는 신호로 해석된다(확률적으로 그럴 가능성이 크다는 것이지, 반드시 그렇다는 것은 아니다).

둘째, 갭 상승과 갭 하락에 관해 알아보자. 갭 상승이란 당일의 저가가 전일의 고가보다 더 높은 상황을 말한다. 매수세가 매도세보다 아주 강할 때 나타나는 현상이다.

주식의 수요 측면에서 당일의 시초가가 전일 종가보다 더 비싸다 하더라도 향후 주가가 추가 상승할 것으로 기대하는 사람이 많다는 것이다. 또한 주식의 공급 측면에서도 주가가 소폭 하락하더라도 성급하게 매도하기보다 앞으로 주가가 오를 때까지 기다리는 사람이 많다는 의미도 된다. 따라서 주가가 바닥일 때 나타나는 갭 상승은 미래 주가를 상승시키는 신호탄으로 파악한다.

반면에, 갭 하락이란 당일의 저가가 전일의 고가보다 낮은 상황으로서, 매도세가 매수세보다 강할 때 나타나는 현상이다. 특히 주가가 고점일 때 나타나는 갭 하락은 주가 하락의 신호로 작용한다.

봉차트(캔들차트)을 분석한다

위의 분석법에 근거하여, KODEX200의 일봉차트를 검토해본다 (도표 2-2 참고). 이 종목의 주가는 2020년 1월에 최고값에 도달했다. 그때 악재가 터지면서 최고점에서 (장대 음봉은 나타나지 않았지만) 쌍봉이 나타나며 2개월에 걸쳐 하락세에 접어들었다(참고로 기술적 분석에서 주가가 높은 수준에서 봉우리가 두 개인 쌍봉은 하락세로 분석한다). 드디어 3월 말이 되자 장대 음봉이 보이면서 바닥에 근접했다는 신호를 보낸다. 그 후에 나타나는 장대 양봉은 주가가 상승추세로 전환하는 신호탄으로 작용한다. 위에서 설명한 가설이 실현된 상황이다.

2020년 4월 이후 바닥에서 나타난 장대 양봉과 비교하면 그 길이는 짧아졌지만, 주가는 지속적으로 상승세를 보이며 양봉이 나타나고 있다. 드디어 6월까지 3개월 동안 상승한 주가는 7월에 접어들면서 매수세와 매도세가 팽팽하게 균형을 이루며 박스권에 접어들었다. 짧은 길이의 양봉과 음봉이 매일같이 서로 교차하는 모습이 그런 상황을 잘 묘사하고 있다.

(도표 2-2) KODEX200(종목코드: 069500)의 일봉차트

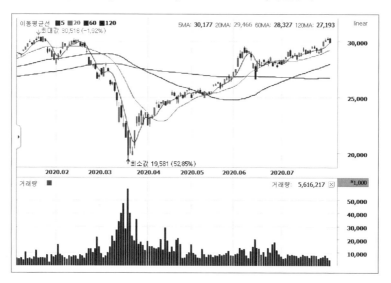

　향후 주가는 추가로 상승할까, 아니면 하락세로 다시 전환될까? 이 차트만 갖고 미래 주가를 예측하기는 극히 어렵다. 따라서 주식을 보유하지 않았다면 그 방향성이 최종적으로 정해질 때까지 예의 관찰하면서 휴식한다. 주식투자에서 잠시 쉬는 것도 거래 못지않게 중요하다. 반면에 주식을 보유하고 있다면 상승세가 완전히 꺾일 때까지 계속 보유하다가, 주가가 고점을 찍고 하락 반전하는 시점 (특히 고점에서 장대 음봉이 나타나는 시점)에 매도한다.

　특히 주가지수에 정비례하는 종목의 주가가 고점을 찍고 하락세에 접어드는 시점이야말로, 주가지수에 반비례하는 KODEX인버스 종목으로 갈아탈 기회가 된다. (도표 2-3)에서 그 사실을 확인하기 바란다.

(도표 2-3) KODEX인버스(종목코드: 114800)의 일봉차트

장기 추세를 나타내는 주봉차트와 월봉차트

　봉차트는 작성하는 기간에 따라 일봉차트, 주봉차트, 월봉차트로 구분된다. 앞서 나온 일봉차트는 하루 동안의 주가 변동을 갖고 작성한다. 네이버 증권에서 제공하는 일봉차트는 보통 6개월 동안의 주가 움직임을 보여주고 있다.

　한편, 주봉차트는 1주일(5영업일) 동안의 주가 변동을 이용해 작성한다. 다시 말해, 주봉차트의 시초가는 월요일에 주식시장이 개장하면서 형성된 가격이, 그리고 종가는 금요일에 주식시장이 폐장하면서 형성된 가격이 된다. (도표 2-4)에서 보듯이, 주봉차트는 2년 동안의 주가 변동을 나타내고 있다. 코스피200(또는 이 종목의 주가)

(도표 2-4) KODEX200(종목코드: 069500)의 주봉차트

(도표 2-5) KODEX200(종목코드: 069500)의 월봉차트

은 2020년 이전까지 박스권에서 횡보하다가 2020년 3월에 급락한 후 상승 추세에 접어든 것으로 보인다.

마지막으로 월봉차트는 1개월(20영업일) 동안의 주가 변동을 갖고 작성한다. 즉, 월봉차트의 시초가는 매월 첫 번째 날에 주식시장이 개장하면서 형성된 가격이, 그리고 종가는 매월 마지막 날에 주식시장이 폐장하면서 형성된 가격이다. (도표 2-5)에서 보듯이, 월봉차트는 10년 동안의 장기 추세 변동을 나타낸다. 이 종목의 주가는

2017년 이전까지는 지루하게 박스권에서 횡보하다가, 2017년에 주가가 한 단계 도약한 후에 재차 박스권에 접어들었다.

일봉차트가 6개월 이내의 주가의 단기 변동을 보여준다면, 주봉차트와 월봉차트는 중장기(3년 내지 10년)에 걸친 주가의 추세를 분석할 수 있다.

봉차트를 활용할 때의 문제점

봉차트를 활용하여 주식을 매매할 때 적용되는 원칙을 정리해보자. 보통 주가가 최고점이나 최저점에 도달하면 장대 음봉이 나타나면서 추세가 전환되고, 그 후에 장대 양봉이 주가 상승의 신호탄이라 정리할 수 있다.

여기서 중요한 문제가 하나 발생한다. 봉차트에서 그 막대의 크기가 어느 정도여야 크다고(장대) 할 수 있을까? 사람마다 주관적으로 판단해야 하기에, 그 크기를 객관화시키기가 어려울 수밖에 없다. 보통 어떤 분석 기법이 과학적이려면, 모든 사람이 같은 자료를 보고 같은 절차를 거쳐 동일한 결과에 도달해야만 한다. 봉차트는 개인의 직감이나 경험에 따른 판단보다는 비교적 과학적이지만, 사람마다 해석이 달라질 수 있다는 측면에서 비과학적이라 할 수 있다.

다음 절에서 봉차트의 문제점을 개선하는 기법으로서의 '이동평균법'에 대해 알아본다.

02
이동평균선을 활용한
단기매매

사례를 통해 본 이동평균법

원래 이동평균법이란 '평균을 이동시켜 계산하는 방법'을 말한다. (도표 2-6)은 한 달 동안 어떤 종목이 변동한 주가 자료이다. 이를 갖고 이동평균 값을 계산한 후, 그 의미를 생각해보자. 이 종목의 주가는 첫째 날 1,000원에서 시작하여 매일 100원씩 올라 15일이 될 때 최고점인 2,400원에 도달했다. 그 후 매일 100원씩 내려 마지막 30일이 되는 시점에 당초 출발한 900원까지 하락했다.

먼저, '5일 이동평균'이란 5일 동안의 주가를 더해 5로 나눠 계산한다. 1일부터 5일까지의 주가를 더해 5로 나눈 1,200원이 첫 번째 이동평균 값이다. 그다음 날의 이동평균 값은 (1일은 제외하고 6일을 포함해) 2일부터 6일까지의 주가를 더해 5로 나눠 1,300원으로 계

(도표 2-6) 이동평균의 계산사례

일	종가	5일 이동평균	10일 이동평균	20일 이동평균
1일	1,000			
2일	1,100			
3일	1,200			
4일	1,300			
5일	1,400	1,200		
6일	1,500	1,300		
7일	1,600	1,400		
8일	1,700	1,500		
9일	1,800	1,600		
10일	1,900	1,700	1,450	
11일	2,000	1,800	1,550	
12일	2,100	1,900	1,650	
13일	2,200	2,000	1,750	
14일	2,300	2,100	1,850	
15일	2,400	2,200	1,950	
16일	2,300	2,260	2,030	
17일	2,200	2,280	2,090	
18일	2,100	2,260	2,130	
19일	2,000	2,200	2,150	
20일	1,900	2,100	2,150	1,800
21일	1,800	2,000	2,130	1,840
22일	1,700	1,900	2,090	1,870
23일	1,600	1,800	2,030	1,890
24일	1,500	1,700	1,950	1,900
25일	1,400	1,600	1,850	1,900
26일	1,300	1,500	1,750	1,890
27일	1,200	1,400	1,650	1,870
28일	1,100	1,300	1,550	1,840
29일	1,000	1,200	1,450	1,800
30일	900	1,100	1,350	1,750

산된다. '5일 이동평균'을 계산하려면 최소 5일 동안의 주가 자료가 있어야 한다.

다음으로, '10일 이동평균'은 10일 동안의 주가를 더해 10으로 나눠 계산한다. 이와 마찬가지로 '20일 이동평균'은 과거 20일 동안의 주가를 더해 20으로 나눠 계산한다. 이처럼 계산된 이동평균 값을 차트에 점을 찍어 이어서 그린 것이 바로 이동평균선이다.

그러면 이동평균선을 주식투자에 어떻게 이용할 수 있을까?

어떤 종목A의 주가가 1년(365일) 내내 1만원이었다가 (국내 주식시장에서는 상한가 제도로 인해 불가능하지만 편의상) 100만원으로 급등했다고 가정하자. 이런 상황에서 기간별 이동평균 값은 다음처럼 대상 기간이 길어질수록 줄어든다. 그 이유는 기간이 길수록 (분모가 늘어나) 특정일의 주가 급등 현상이 이동평균 값에 미치는 영향이 줄어들기 때문이다. 이와 같이 특정일에 주가가 큰 폭으로 급등하거나 급락하더라도, 대상 기간이 길수록 이동평균 값이 줄어들기 때문에, 장기 이동평균선은 완만한 모습을 보인다.

5일 이동평균 = ((10,000 × 4일) + 1,000,000) / 5일 = 208,000원
20일 이동평균 = ((10,000 × 19일) + 1,000,000) / 20일 = 59,500원
60일 이동평균 = ((10,000 × 59일) + 1,000,000) / 60일 = 26,500원
120일 이동평균 = ((10,000 × 119일) + 1,000,000) / 120일 = 18,250원

이동평균선은 그 기간에 따라 5일, 20일, 60일, 120일 등 4가지 종류가 가장 많이 활용된다. 각 이동평균선이 어떤 의미를 갖는지

알아보자. 주식시장은 (공휴일이 없는 한) 1주일에 월요일부터 금요일까지 5일간 열린다. 5일 이동평균선은 주간(週刊)의 주가 추이를 나타낸다. 그리고 매주 5일에 한 달 4주를 곱하면 20일로 계산된다. 따라서 20일 이동평균선은 월간(月刊)의 주가 추이를 보여준다.

한편, 한 달 20일에 3개월을 곱하면 60일이므로, 60일 이동평균선은 분기의 주가 추세를 나타낸다. 가장 긴 120일 이동평균선은 한 달 20일에 6개월을 곱한 수치이므로, 1년의 절반인 반기 동안의 주가 추세를 보여준다. 모든 상장기업은 분기와 반기마다 경영실적을 작성해 투자자들에게 공시해야 한다. 이 자료에서 경영실적이 호전된 기업들의 주가는 상승하고, 반면에 실적이 악화한 기업들의 주가는 하락한다. 따라서 60일, 120일 이동평균선은 분기 및 반기 실적에 따라 주가의 방향성을 결정짓는 장기 추세선으로 활용된다.

이동평균선을 활용한 단기매매

이동평균선을 이용하여 주식을 매매하는 경우, 그 이면에 담긴 가설을 먼저 이해할 필요가 있다.

첫째, 모든 가격(주가, 유가, 환율, 금리 등)은 나름대로 내재가치(본질 가치)를 갖고 있다.

둘째, 과거의 가격을 이동 평균한 값이야말로 내재가치거나 혹은 거의 근접한 수치에 해당한다.

(도표 2-7) KODEX200(종목코드: 069500)의 이동평균선

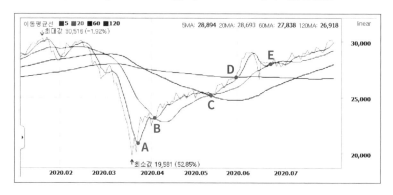

셋째, 가격이 이동평균선에서 크게 벌어진다 하더라도 일종의 구심력이 작용함으로써 언젠가는 이동평균선으로 되돌아온다.

이런 가설을 바탕으로, KODEX200의 이동평균선이 포함된 주가 차트를 분석해 보자. (도표 2-7)에는 5일, 20일, 60일, 120일 등 4개의 이동평균선이 게재되어 있다. 이미 설명한 바와 같이, 단기 이동평균선인 5일선은 주가와 거의 같이 움직인다. 반면에 20일선은 그 굴곡이 점차 줄어들고 있고, 특히 60일선과 120일선은 완만한 평행선으로 나타난다. 이 종목은 2020년 3월 중순에 주가와 5일선이 최저점을 찍고 나서 상승세로 전환했다. 뒤이어 20일선은 4월에 그리고 60일선은 6월에 상승세로 돌아섰고, 마지막으로 120일선은 아직도 그 추세를 바꾸지 않고 있다.

이동평균선에서 주가가 저점을 찍은 후 상승세로 전환하는 모습을 정리해보기로 한다.

첫째, 주가가 5일선을 밑에서 위로 상향 돌파하는 모습을 골든 크로스(golden cross)라 부른다. 주식을 매수하라는 신호다. (도표 2-7)에서는 A점으로 표시했다.

둘째, 주가가 계속 올라 20일선을 상향 돌파한다. 과거에 매수한 주식을 계속 보유하고, 추가로 매수할 시기다. (도표 2-7)에서는 B점으로 표시했다. 그런데 주가가 20일선을 돌파하지 못하고 하락 반전한다면 매도 신호로 받아들인다.

셋째, 주가가 계속 상승하여 60일선을 상향 돌파하는 상황이다. 계속 주식을 보유하고 추가로 주식을 매수해도 무방하다. (도표 2-7)에서는 C점으로 표시했다. 그런데 주가가 60일선을 돌파하지 못하고 하락 반전한다면 매도 신호로 판단한다.

넷째, 주가가 더욱더 상승하여 120일선을 상향 돌파하는 상황이다. 계속 주식을 보유하고 추가로 주식을 매수할 수 있다. (도표 2-7)에서는 D점으로 표시했다. 그런데 주가가 120일선을 돌파하지 못하고 하락 반전하면 즉시 주식을 매도한다.

다섯째, 상승하던 주가가 5일선을 위에서 밑으로 하향 돌파하는 모습을 보이면 데드크로스(dead cross)라 부른다. 당연히 주식을 매도할 시점이다. (도표 2-7)에서는 E점으로 표시했다.

마지막으로 2020년 6월에 데드크로스가 나타난 후, 주가는 상승과 하락을 반복하면서 박스권에서 맴돌고 있다. 휴식을 취하면서 향후 주가의 향방을 관망할 시기다. 쉬는 것도 투자다.

참고로 주가가 상승세에서 이동평균선을 상향 돌파하지 못하고 하락 반전하는 때가 있다. 예를 들어, 주가가 5일선은 돌파했지만 20일선에서 가로막혀 하락세로 돌아서는 상황이다. 이때 20일선이 저항선으로 작용한다.

저항선이란 주가의 고점을 연결하여 그린 선으로, 일명 '하락추세선'이라고도 부른다. 보통 저항선까지 주가가 올라가면 투자자들이 심리적으로 충분히 상승했다고 생각하여 매도에 가세하는 지점을 말한다.

한편, 지지선이란 주가의 저점을 연결하여 그린 선으로, 일명 '상승추세선'이라고도 한다. 보통 지지선까지 주가가 내려가면 투자자들이 심리적으로 충분히 하락했다고 생각하여 매수에 가담하는 지점을 말한다.

이동평균선으로 추세를 알아본다

보통 주가가 상승세를 보일 때에는 맨 위에서부터 아래로 현재주가, 5일선, 20일선, 60일선, 120일선의 순서로 정배열하는 모습을 보인다. 그 후 주가가 최고점을 찍고나서 하락세로 접어들면서, 주가가 각각의 이동평균선을 위에서 아래로 하향 돌파하는데, 이를 데드크로스(dead cross)라 부른다. 주가가 5일선을 하향 돌파하는 시점에 주식을 매도한다.

반면에 주가가 하락세를 보일 때에는 차트의 맨 위에서 아래로

(도표 2-8) KODEX인버스(종목코드: 114800)의 이동평균선

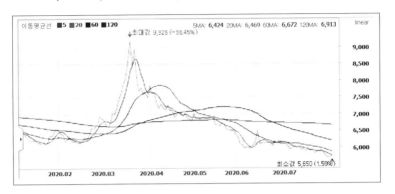

120일선, 60일선, 20일선, 5일선, 현재 주가 순서대로 역배열된 모습으로 나타난다. 그러다가 주가가 먼저 최저점을 찍은 후 그 추세가 상승 반전되면서 (도표 2-7)처럼 5일선, 20일선, 60일선, 120선을 차례로 상향 돌파하는 골드크로스가 나타난다.

위의 설명을 주가지수 투자에 활용하면, 주가가 상승세를 보일 때 정비례 종목(KODEX200)을 매입한다. 그 후 주가가 최고점에 도달해 하락세로 반전될 때 정비례 종목을 매도하고 즉시 반비례 종목 (KODEX200 인버스)으로 갈아탄다((도표 2-8) 참조).

이동평균선을 활용할 때의 문제점

이동평균선의 골든크로스나 데드크로스에서 매매하면 실제 최고점 매도나 최저점 매수보다는 약간의 시차가 존재한다는 사실을 알 수 있다. 즉, 골드크로스에 매수하면 최저점에서 매수하는 것보다 조금 비싼 가격에 매수해야만 한다. 또한 데드크로스에 매도하면 최고점에서 매도하는 것보다는 싼 가격에 매도해야만 한다. 이른바 무릎에서 사서 어깨에서 파는 식이다. 특히 주가가 급등락하는 상황에서는 가격 차이가 크게 날 수도 있다.

실제 이동평균선에서 골드크로스와 데드크로스를 확인한 후에 매매하면, 최고점에 매도하거나 최저점에 매수할 때에 비해 이익은 줄어들지만, 손실을 최소화하는 매우 안정적인 매매기법이라 할 수 있다. 특히 개인의 경험이나 직감에 따라 거래하는 것보다는 손실을 줄이고 이익을 늘리는 투자 기법이다.

그러면 투자 이익을 높이기 위해 최저점에서 매수하여 최고점에서 매도하는 기법은 없을까? 약간의 위험을 감수하는 투자자들을 위해 다음 절에서 다양한 기술적 분석 기법을 살펴보자.

03
이격도를 활용한
단기매매

이격도의 의미와 계산법

원래 모든 가격(주가, 유가, 환율, 금리 등)은 이동평균선에서 크게 벗어나면 구심력이 작용하여 이동평균선으로 되돌아오려는 성향이 있다. 거의 모든 종목의 과거 가격 움직임을 분석하면, 매일매일의 주가는 이동평균선에 바싹 달라붙어서 변동한다. 하지만, 간혹 특이한 사건이나 사고가 터지면서 주가가 급등락하며 이동평균선에서 크게 벗어날 때가 있다. 현재의 가격이 이동평균선에서 벌어진 간격을 바로 '이격(離隔, 그 사이가 벌어짐)'이라고 부른다.

보통 이동평균선에서 크게 벌어진(큰 이격을 보이는) 주가는 시간이 지나면서 이동평균선으로 수렴하는 식으로 움직인다. 다시 말해, 폭락한 주가는 완만하게 상승하고, 폭등한 주가는 완만하게 하락하면서 이동평균선에 접근하는 경향이 있다. (도표 2-9)에서 보듯이, 실제 2020년 3월에 폭락한 주가는 저가 매수세가 계속 유입되면서 완만하게 상승해 이동평균선으로 되돌아오는 상황이 눈에 띈다.

이동평균선에서 이격은 '그물차트'에서 훨씬 뚜렷하게 나타난다. 보통 여러 개의 이동평균선을 동시에 표시하다 보면, 서로 간의 간격이 좁아지거나 늘어나는 정도에 따라 주가의 추세를 파악할 수 있다. 이동평균선에서 그 간격이 변화하는 모습이 마치 그물처럼 보여 '그물차트'라고 칭한다.

네이버 증권에서는 5일 이동평균선에서 시작하여 2일씩 늘어나 (5일, 7일, 9일 … 23일) 총 10개의 그물차트를 그릴 수 있다. (도표 2-9)와 같이 그물의 간격이 좁아졌다가 넓어지기를 반복하면서 움직이고 있다. 이처럼 그물차트의 밀집과 확신을 통해 추세의 전환을 가늠하기도 한다.

우선 주가가 상승하면서 그물망이 넓게 펼쳐진 후, 제일 위의 그물부터 하나씩 접히며 데드크로스가 나타나면 하락세에 접어든 것으로 판단한다. 반대로 주가가 하락하면서 넓게 펼쳐진 그물망의 가장 아래에 있는 그물부터 골든크로스가 나타나기 시작하면 상승세로의 전환으로 판단한다.

그물차트 외에 이동평균선에서 이격도를 측정하여 주식투자에 활용하기도 한다. 이격도는 당일의 주가를 이동평균 주가로 나눠 백분율로 표시한다.

(도표 2-9) KODEX200(종목코드: 069500)의 이격도(PMAO)

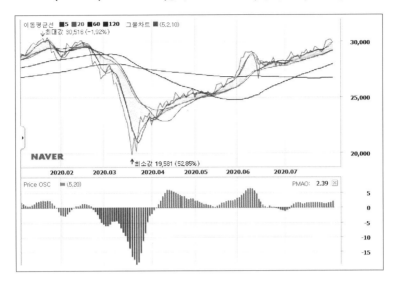

$$이격도 = \frac{당일\ 주가(종가)}{20일의\ 이동평균\ 주가} \times 100$$

$$PMAO = \frac{5일\ 이동\ 평균\ 주가}{20일\ 이동평균\ 주가} \times 100 - 100$$

네이버 증권에서는 이격도 대신에 보조지표인 PMAO(Price Moving Average Oscillator)를 제공하고 있다. 이는 중기 추세를 보여주는 20일선을 기준선으로 정한 후, 단기선인 5일선이 기준선에서 벌어진 정도를 비율로 측정한 지표이다.

위 계산식에 따라 이격도와 PMAO는 다음의 관계가 성립한다. 예를 들어, 이격도가 100%라면 PMAO는 0%가 된다. 그리고 이격도가 110%라면 PMAO는 이에 100%를 뺀 10%로, 반대로 이격도가 90%라면 PMAO는 마이너스(-) 10%로 산정된다.

이격도를 활용한 단기매매

원래 이격도가 100%라면 현재 주가와 이동평균 주가가 같은 값이므로, 주가가 이동평균선 위에 놓인 상태가 된다. 한편, 이격도가 100% 이상이면 현재 주가가 이동평균 주가보다 크다는 뜻이고, 따라서 주가가 이동평균선보다 상단에 위치한 상황이다. 반면에, 이격도가 100% 이하라면 현재 주가가 이동평균 주가보다 작으면서 이동평균선 하단에 있는 상태이다. 특히 이격도가 100%를 기준으로 계속 커지거나(110%까지) 계속 작아진다는 것(90%까지)은 이격이 벌어진다는 뜻이면서, 주가가 이동평균선(기준선)에서 점점 멀어진다는 것이다.

주식거래에서 이격도를 활용하여 이익을 낼 수 있다. 예를 들어, 주가가 이동평균선 하단에서 이격도가 가장 클 때 매수하여, 주가가 이동평균선 상단에서 이격이 가장 클 때 매도하면 된다.

보통 이격도가 105%(PMAO가 5%) 이상이거나 혹은 95%(PMAO가 -5%) 이하일 때 이격도가 크다고 판단한다. 하지만, 절대적인 기준은 아니므로, 상황에 따라 유연하게 대처할 필요가 있다. 다시 말해 이격도의 절대 수치를 고점(혹은 저점)으로 보고 단순 기계적으로 매매하다가는 자칫 큰 화를 부를 수 있다. 예를 들어 이격도가

(도표 2-10) KODEX인버스(종목코드: 114800)의 이격도(PMAO)

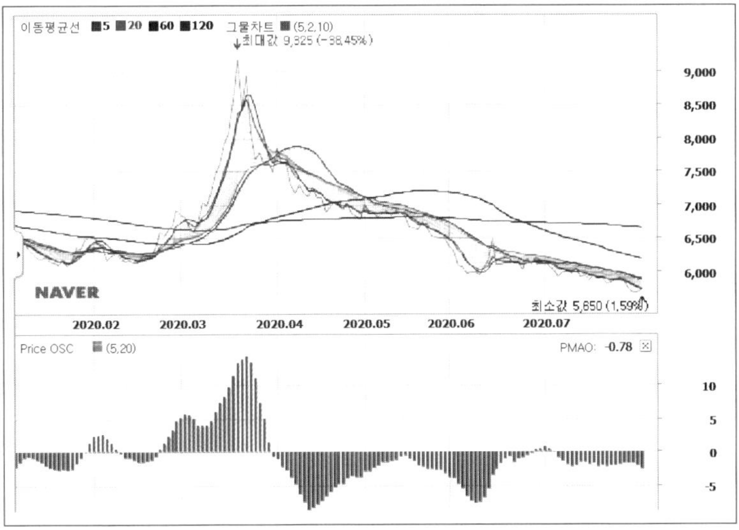

105%로 되어 미리 성급하게 매도했더니, 주가가 더욱 상승하여 낭
패를 보는 상황이다.

하지만 (도표 2-9)에서 보듯이, 2020년 3월에 이격도가 95%
(PMAO가 -5%)일 때 매도해야 추가 손실을 줄일 수 있었다. 왜냐하
면, 그 당시 이격도가 80%(PMAO가 -20%)까지 대폭락했기 때문이
다. 이처럼 간혹 주식시장에는 투자자들이 전혀 예상하지 못한 불
상사가 터질 때가 있다.

(도표 2-10)은 주가지수에 반비례하는 KODEX인버스의 주가
차트이다. 정확하게 KODEX200과는 상하가 뒤집힌 모습이라는 것
을 알 수 있다.

이격도를 활용할 때의 주의점

첫째, 이격도를 매매 신호이자 경고 신호로 활용한다. 일례로, 이격도가 105% 이상이면 주식시장이 과열된 상태이고, 이격도가 95% 이하면 침체된 상황으로 받아들인다. 따라서 주식시장이 과열된 상태에서 매도하지는 않더라도 최소한 추가 매수하는 실수는 피할 수 있다. 또한, 침체한 주식시장에서 미래 주가 상승을 내다보고 매수는 하지 않더라도, 적어도 공포감에 휩싸여 매도하는 투자 실패를 방지할 수 있다.

둘째, 이격도가 최고점에 도달한 상황이라 속단해 주식을 매도할 것이 아니라, 이격도가 최고점에 도달한 후 하락 반전할 때까지 느긋하게 관망할 필요가 있다. 이로 인해 주가가 한창 상승세에 접어들고 있는 중간에 성급하게 매도하는 실수를 피할 수 있다. 물론 정확하게 최고점에서 매도할 수는 없지만, 주가가 하락에 접어든 것을 확인하는 것만으로 유용하다.

셋째, 이격도는 주가의 추세가 분명하지 않은 박스권에서 더 효과적인 투자 기법이다. 보통 주가가 상승세라면 골든크로스에서 매수하고, 하락세라면 데드크로스에서 매도하면 된다. 다시 말해, 주가의 움직임이 매우 뚜렷한 상황이라면 최저점이 아닌 조금 상승한 수준에서 매수하더라도 이익이 나고, 반대로 최고점이 아닌 약간 하락한 수준에서 매도해도 많은 이익을 얻는다.

그러나 주가가 오르락내리락하면서 그 추세가 뚜렷하지 않은 박스권에서 헤맬 때는 이익을 내기가 힘들다. 주가가 옆으로 횡보하는 장세에서 이동평균선에 나타난 골든크로스나 데드크로스에 따르다 보면, 주가가 많이 오른 다음에 매수 신호가 나타나고 주가가 엄청나게 하락한 후에야 매도 신호가 표시된다. 이로 인해 거래 건수가 늘어나 이익은커녕 수수료만 잔뜩 부담하거나, 또는 고가에 사서 저가에 파는 함정에 빠질 가능성이 크다.

이런 상황에서 이격도를 활용하여 매매하면 손실을 줄이고 이익을 늘릴 수 있다.

04
MACD를 활용한
단기매매

MACD의 의미와 계산법

기술적 분석 기법인 MACD는 이동평균선의 수렴과 발산(Moving Average Convergence & Divergence)의 줄임말이다.

MACD에서 수렴(convergence)이란 두 이동평균선의 간격이 점점 좁아지는 상황을, 발산(divergence)이란 그 간격이 크게 벌어지는 상태를 의미한다. 따라서 MACD는 두 개의 이동평균선을 이용해 그 간격 차이를 고려하여 주식을 매매하는 투자 기법이다.

본래 이동평균선은 과거 일정 기간의 주가 변동을 평균하여 작성하기 때문에, 최근의 주가 변동이 많이 반영되지 않는다. 이처럼 이동평균법이 지닌 시차 상의 문제점을 해결한 기법이 MACD다.

일반적으로 이동평균선은 그 간격이 크게 벌어지면 어느 순간 다시 좁아지면서 서로 교차하는 골든크로스나 데드크로스가 나타난 후, 재차 그 간격이 다시 벌어지는 경향이 있다. 따라서 두 이동평균선이 서로 교차하는 지점이 아닌, 두 이동평균선의 간격이 크게 벌어지는 지점을 매매타이밍으로 하면 이익을 높일 수 있다. 왜냐하면, 두 이동평균선의 간격이 가장 벌어진 상황이야말로 주가의 최고점 혹은 최저점에 해당되기 때문이다.

MACD를 산정하려면 기준이 되는 이동평균선을 먼저 정해야 한다. 우리나라 주식시장에서는 단기 이동평균선은 12일선을, 장기 이동평균선은 26일선을 가장 많이 사용하고 있다.

MACD는 두 개의 장단기 이동평균의 차이로 계산한다. 두 이동평균의 차이가 최대로 벌어지는 지점을 최고점 혹은 최저점으로 간주한다.

MACD = 12일 이동평균 – 26일 이동평균
시그널 라인 = MACD의 9일 지수 이동평균

주식투자에서 가장 큰 관심사는 두 이동평균선이 어느 정도 벌어져야(MACD가 얼마일 때) 그 간격이 최대한 넓어진 것으로 판단할 것인가 여부다. 이를 위해 MACD를 이용해 9일 이동 평균값을 계산하는데, 이를 시그널 라인(Signal Line)이라 한다.

MACD를 활용한 단기매매

위의 자료만 계산되면, MACD를 이용한 매매는 아주 단순하다. MACD 라인과 시그널 라인이 서로 교차할 때 매수하거나 매도하면 된다. MACD가 시그널 라인을 교차하여 상향 돌파할 때(cross above) 매입하고, 반대로 하향 돌파할 때(cross below) 매도하면 된다. 특히 MACD 곡선이 제로(0)가 되는 지점이 두 이동평균선이 서로 교차하는 상태(골든크로스 혹은 데드크로스)가 된다. 다시 말해, 두 이동평균선이 서로 교차할 때가 아니라 그 간격이 최대한 벌어진 시점을 찾아 매매한다.

(도표 2-11)에서 보듯이, 이동평균선에 의한 매매 신호보다

(도표 2-11) KODEX200(종목코드: 069500)의 MACD

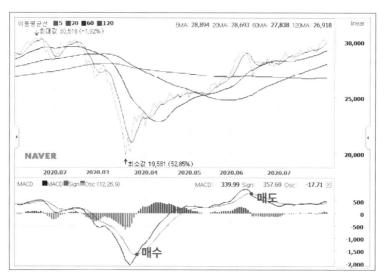

MACD에 의한 매매 신호가 훨씬 빠르게 나타난다. 다시 말해, 이동평균선에서 골든크로스가 나타나기 훨씬 전에 MACD 곡선과 시그널 곡선이 서로 교차하여 매수 신호를 보낸다. 또한 이동평균선에 데드크로스가 나타나기 앞서 미리 MACD 곡선과 시그널 곡선이 서로 교차하여 매도 신호를 보내고 있다.

MACD를 활용할 때의 문제점

MACD의 장점인 매매 신호가 빠르다는 것은 오히려 단점이 되기도 한다. 다시 말해, 주가의 미세한 움직임에 민감하게 반응하여 쓸모없는 신호를 자주 보내는 경우가 많다는 뜻이다. 특히 주가가 박

(도표 2-12) KODEX인버스(종목코드: 114800)의 MACD

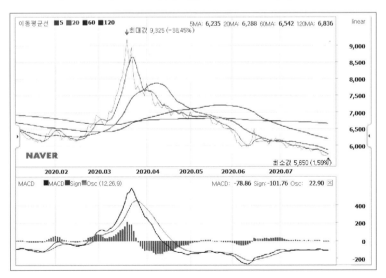

스권에서 급등락하는 경우, 이동평균선에서 교차점이 너무나 잦아지면서, 하루에도 몇 번씩 매수 신호를 보냈다가 다시 매도 신호로 바뀌는 일이 반복되기도 한다. 이 기법의 민감한 반응이 도리어 문제를 낳게 된 것이다.

따라서 안정적으로 투자하려면, 앞서 설명한 이동평균선의 골든크로스와 데드크로스에 따라 거래하되, 약간의 위험을 감수하더라도 이익을 늘리고 싶다면 MACD를 활용하면 된다.

05
RSI를 활용한
단기 매매

RSI의 의미와 계산법

주식시장의 매수세와 매도세가 균형을 이루며 장기간에 걸쳐 안정된 상태를 유지하다가, 어떤 사건으로 인해 갑자기 과열(주가 급등)되거나 침체(주가 급락)될 때가 있다. 이런 비정상적인 상황은 언젠가는 다시 정상으로 돌아간다. 왜냐하면, 주식시장에서는 매수세와 매도세 간에 끊임없는 조정과정을 거쳐 균형을 맞춰 돌아가기 때문이다.

시장 특성분석법이란 주식시장이 어떤 상황인지를 분석하여 앞으로의 주가 변동을 예측하는 기법이다. 단적으로 주식시장이 침체된 상태에서 매수하여 과열된 상태에서 매도하면 큰 이익을 얻을 수 있다. 왜냐하면 비정상인 시장 상황은 언젠가 정상으로 돌아가

기 때문이다.

　시장 특성분석법은 오실레이터(Oscilator)라 불리는 지표를 이용하여 시장 상황을 객관적으로 분석한다. 그 중 상대강도지수(RSI, Relative Strength Index)가 가장 대표적이고 효과적인 지표에 해당한다. RSI는 다음과 같이 계산한다.

$$RSI = \frac{\text{일정 기간의 주가 전체 상승 폭}}{\text{일정 기간의 전체 상승 폭} + \text{일정 기간의 전체 하락 폭}} \times 100$$

　오늘을 포함해 일정 기간(보통 14일)을 거슬러가 주가가 오른 날 상승한 금액을 모두 더해 전체 상승 폭(A), 내린 날의 주가 하락 금액을 모두 더해 전체 하락 폭(B), A와 B를 합산하여 전체 등락 폭(C)을 계산한다.

　RSI는 전체 상승 폭(A)을 전체 등락 폭(C)으로 나눠 백분율로 표시한다. 이처럼 계산한 RSI가 주식 투자에서 어떤 의미가 있을까?

　반약 14일 내내 주가가 상승했다면 RSI는 100%가 된다. 같은 기간 주가가 내리 하락했다면 RSI는 0%가 된다. 보통 주가는 상승과 하락을 반복하기 때문에, RSI는 0%와 100% 사이에 놓인다. 예를 들어, 14일간의 주가 상승 폭을 더해보니 6,000원이고, 하락 폭을 더해보니 6,000원이었다면 14일 전의 처음 주가 수준으로 돌아간 상황으로, 이때의 RSI는 50%로 나타난다.

RSI를 활용한 단기매매

그렇다면 RSI가 어느 정도여야 과열 (혹은 침체)로 판단할까?

첫째, RSI가 75% 이상이면 과열(매수 초과)된 상태이다. 과거 14일 동안 주가 상승 폭이 6,000원이고 주가 하락 폭이 2,000원이면, RSI는 75%로 계산된다. 그 기간에 주가 상승 폭이 하락 폭의 3배가 된다. RSI가 75~100% 사이에 위치한다면 주식시장이 상승 분위기에 휩싸여 매수세가 불타고 있지만(비정상), 조만간 주가가 최고점을 찍고 하락 반전하여 정상으로 되돌아온다는 것이다. 보유 주식을 매도하고 빠져나올 시기다.

둘째, RSI가 25% 이하면 침체(매도 초과)된 상태이다. 과거 14일 동안 주가 상승 폭이 2,000원이고 주가 하락 폭이 6,000원이면, RSI는 25%로 계산된다. 그 기간에 주가가 상승 폭보다 3배나 하락한 것이다. 주가의 하락세로 인해 투자자 대부분이 패닉에 빠진 상황으로서, 과감하게 주식을 매수할 시기다.

셋째, RSI가 25~75% 사이에 위치하면 주식시장이 정상적인 상황으로 판단한다. 앞으로 비정상적인 시장 상황이 될 때까지 투자 휴식기라 생각한다.

(도표 2-13) KODEX200(종목코드: 069500)의 RSI

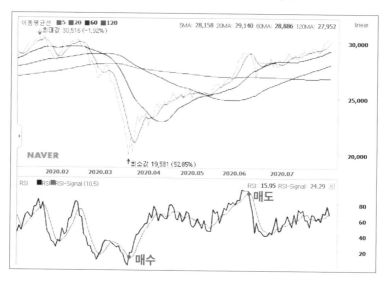

(도표 2-13)을 투자에 활용해 본다. 우선 RSI가 25% 이하이고 RSI(하단의 흑색선)가 RSI-Signal(하단의 적색선)을 상향 돌파하는 지점에서 매수한다. 반대로 RSI가 75% 이상이고, RSI가 RSI-Signal을 하향 돌파하는 지점에서 매도한다.

특히 RSI가 25~75% 사이에서 RSI와 RSI-Signal이 서로 꼬이는 상황이 반복된다면, 그 추세가 명확해질 때까지 투자를 중단한다.

(도표 2-14)는 주가지수에 반비례하는 KODEX인버스의 주가 추세와 RSI를 분석한 자료이니, 투자에 참고하기 바란다.

(도표 2-14) KODEX인버스(종목코드: 114800)의 RSI

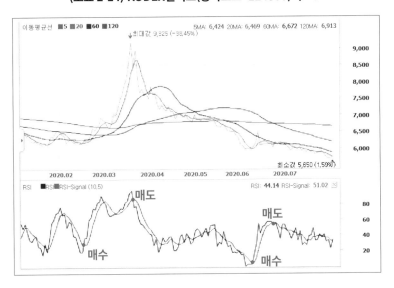

RSI를 활용할 때의 문제점

RSI를 통해 현재 시장의 추세 강도를 파악할 수 있다. 예를 들어 '주가가 상승 추세일 때 그 상승 강도는 어느 정도일까?' 혹은 '주가의 하락하는 강도는 어느 정도일까?'를 측정할 수 있다. 다만 14일 동안의 주가 변동 폭만을 이용해 주가 또는 주식시장의 상황(강도)을 파악하는 것이 과열 적절한지에 대해 의문이 제기되기도 한다.

06
스토캐스틱을 활용한
단기 매매

스토캐스틱의 의미와 계산법

시장 특성분석법이란 주식시장의 현재 상황을 분석하여 미래 주가의 방향성을 예측하는 기법으로, 앞 절의 RSI와 지금부터 설명할 스토캐스틱이 대표적인 지표들이다.

스토캐스틱(Stochastic)은 최근의 주가가 어떤 상태인지 분석하는데 활용된다. 최근 일을 포함하여 과거 일정 기간(보통 5일 동안)의 주가 중 최고가에서 최저가를 차감한 수치(A), 최근 일의 종가에서 최저가를 뺀 수치(B)를 계산한다. 그리고 B를 A로 나누어 백분율로 표시한 것이 스토캐스틱 %K라는 지표다

$$스토캐스틱\ \%K = \frac{최근\ 종가 - 최저가}{최고가 - 최저가} \times 100$$

이 지표는 어떤 의미일까? 이전 5일간의 최고가가 10,000원이고 최저가는 2,000원이라고 가정하자. 이때 주가의 가격밴드는 최저가 2,000원에서 최고가 10,000원으로 나타난다. 만약 최근의 종가가 최상단인 10,000원이라면 %K는 100%가 되고, 최하단인 2,000원이라면 %K는 0%가 된다. %K는 0%와 100% 사이에서 움직인다.

최근 주가가 5일간의 가격밴드 중에서 어디에 위치하는지를 알면, 주가의 추세를 확인할 수 있다. 예를 들어, 주가가 상승세라면 최근의 종가가 밴드 위쪽에 있을 것이고, 하락세라면 최근의 종가는 밴드 아래쪽에 놓일 가능성이 크다. 보통 %K가 85%(위 사례에서 6,800원) 이상이면 과열 상태로, 15%(위 사례에서 1,200원) 이하면 침체 상태로 판단한다.

스토캐스틱에서는 %K 이외에 %D라는 지표도 함께 활용한다. %D는 다음과 같이 계산한다.

스토캐스틱 %D = %K를 3일간 이동 평균하여 계산한 수치

과거 5일간의 주가 자료만으로 주식시장의 과열이나 침체 상태를 판단하기에는 무리가 따른다. 일례로, 주가가 하루 동안 갑자기 급등한 후 급락하여 정상을 찾기도 한다. 또한, 주가의 비정상적인 상태가 금세 정상으로 복귀하기보다는, 한동안 지속되기도 한다. 따

라서 단지 며칠간의 주가 변동만으로 시장 상황을 판단하다 보면 오류를 범할 가능성이 있다.

이런 상황에서 %D가 중요한 판단 수단으로 작용한다. %D선은 %K를 3일간 이동 평균한 수치를 선으로 작성한 것이다.

만약 %K가 85% 이상으로 과열된 상태라면 언제쯤 정상으로 되돌아갈까? 일단 %K가 최고점을 찍은 후 하락세로 접어들면서, %K선이 %D선을 위에서 아래로 하향 돌파하는 지점(데드 크로스)이 과열된 시장이 정상으로 복귀하는 시점이다. 다시 말해 %K선과 %D선이 85% 이상에서 데드크로스가 나타나면 매도 신호로 판단한다. 반면에, %K선과 %D선이 15% 이하에서 골든크로스를 나타내면 매수 신호로 보면 무난하다.

스토캐스틱을 활용한 단기매매

실제 주식투자에서는 스토캐스틱보다 더 완화된 지표가 활용된다. 왜냐하면, 스토캐스틱의 산출 기간이 아주 짧아 왜곡된 정보를 보낼 수 있기 때문이다. 예를 들어 %K는 최근 5일간의 주가 변동 자료만을 이용하고, %D는 %K를 3일간 이동평균할 뿐이기에, 이두 지표 모두 초단기간의 주가 자료만으로 산출된다. 따라서 이 자료를 주식거래에 활용하다 보면, 그 변동 폭이 너무 극심하다는 문제점이 발생한다. 다시 말해, 매도 신호가 나타났다가 하루 만에 매수 신호로 바뀌는 등 변덕이 극심하다. 이런 특성으로 인해 패스트

(도표 2-15) KODEX200(종목코드: 069500)의 스토캐스틱

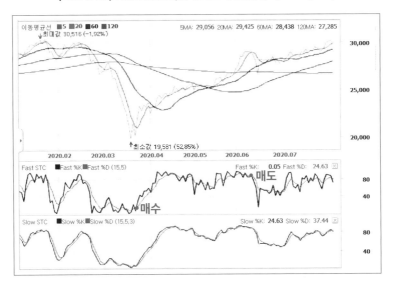

(도표 2-16) KODEX인버스(종목코드: 114800)의 스토캐스틱

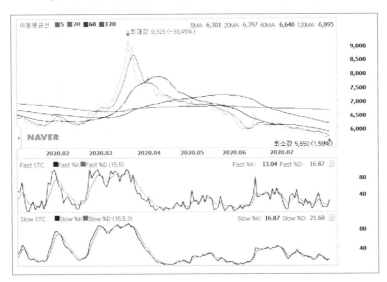

(fast) 스토캐스틱이라 부른다. 이러한 패스트 스토캐스틱의 문제을 보완하기 위해 고안된 기법이 슬로우 스토캐스틱이다. 이는 %K선과 %D선을 재차 이동 평균하여 완만한(slow) 곡선의 형태로 도출한다.

슬로우 스토캐스틱은 다음 과정을 거쳐 작성한다.

최근 5일간의 주가 자료를 이용해 %K선과 %D선을 각각 작성한다. 다음으로 기존의 %K선은 일단 무시하고 기존의 %D선을 새로운 %K로 간주해 3일간 이동 평균하여 새로운 %D선을 작도한다. 예를 들어, 슬로우 스토캐스틱 차트에서 대상 기간을 5, 3, 3으로 정한다고 하자. 최근 5일간의 주가 변동 자료로 %K선을 구하고, 이를 3일 이동 평균하여 그린 패스트 %D선이 새로운 슬로우 %K선이 되면, 이를 재차 3일간 이동 평균하여 슬로우 %D선을 그린다.

슬로우 스토캐스틱에서 가장 완벽한 매수 신호는 슬로우 %K가 15% 이하에서 %K선이 %D선을 상향 돌파하는 골든크로스 지점이다. 반대로 완벽한 매도신호는 슬로우 %K가 85% 이상인 상태에서 %K선이 %D선을 하향 돌파하는 데드크로스 지점이다. 슬로우 스토캐스틱은 패스트 스토캐스틱에 비해 더 안정적이지만, 매매 신호가 다소 늦다는 단점이 있다.

(도표 2-15)와 (도표 2-16)에서 각 종목별로 패스트 스토캐스틱과 슬로우 스토캐스틱의 %K선과 %D선이 교차하는 지점을 나타내고 있다.

스토캐스틱의 문제점

만약 슬로우 %K가 15%와 85% 사이에서 횡보하며 %D선과 서로 교차하는 상황이라면 이 상황을 어떻게 이해해야 할까? 이럴 때엔 매수, 보유, 매도 중에서 어떤 선택을 해야 할까?

이런 현상을 '매매신호의 실패(failure)'라고 한다. 원래 %K가 15% 이하인 상황에서 나타난 매수 신호가 최종적으로 완성되려면 %K가 85% 이상이 될 때까지 %K선과 %D선은 절대 교차해서는 안 된다. 그런데도 그 중간에서 교차한다는 것은 기존의 매수 신호를 유지하는 데 실패했다는 의미이다. 보유한 주식을 즉시 매도하라는 신호로 받아들여야 한다.

실제로 스토캐스틱에서 실패 신호가 나타난 후, 대부분 추세가 전환되는 현상이 발생한다. 그래서 %K가 15%인 저점에서의 신호를 보고 주식을 매수한 후, %K가 85% 이하인 어정쩡한 중간 수준에서 %K선과 %D선이 교차하면 즉각 매도해야 한다. 간혹 '이익이 적다'라거나 '손실을 보고 있다'라는 사유를 대면서 매도하지 않고 버티다가는 더 큰 손실을 볼 가능성이 있다. 주식투자는 이익을 내는 것 못지않게 손실을 줄이는 것이 더 중요하다.

07
일목균형표를 활용한
단기 매매

일목균형표의 의미와 계산법

일목균형표는 주식시장에서 매수세와 매도세 중 어느 쪽에 무게 중심이 실려 있는지를 보여주는 차트를 말한다. 가칭 '일목(한눈에) 요연하게 (매수와 매도세력 간의) 균형 상태를 나타내는 그래프'의 줄임말이다.

주식시장에서 매도세가 우세하면 주가는 하락하고, 매수세가 우세하면 주가는 상승한다. 마치 시장에서 살 사람이 많으면 가격이 올라가고, 팔 사람이 많으면 가격이 내려가는 이치와 같다. 향후 주가가 오를지 내릴지를 전망하려면 무엇보다 주식시장에서 매도세와 매수세 간의 힘의 균형 상태를 살펴볼 필요가 있다. 이를 그림으로 표시하면 각 세력의 균형 상태를 보다 구체적으로 볼 수 있다(도

표 2-17 참조).

일목균형표는 전환선, 기준선, 선행스팬1, 선행스팬2, 후행스팬으로 구성되고, 봉차트까지 더한 6가지 요소를 일목균형표의 괘선이라 한다. 각 요소가 어떤 의미인지 알아본다.

- 전환선: 과거 9일간의 최고가와 최저가의 중간값을 그은 선
- 기준선: 과거 26일간의 최고가와 최저가의 중간값을 그은 선
- 후행스팬: 오늘의 종가를 26일 이전에 표시한 것으로, 전환점 (저점이나 고점)을 찾아내는 데 활용
- 선행스팬1: 전환선과 기준선의 평균을 26일 이후에 표시한 것으로, 일종의 단기선에 해당
- 선행스팬2: 과거 52일간의 최고가와 최저가의 중간값을 26일 이후에 표시한 것으로, 일종의 중기선에 해당

원래 이동평균선은 그 기간의 전체 주가를 다 알아야만 작성할 수 있다. 예를 들어, 120일 이동평균선은 최근 주가를 포함해 전체 120일간의 주가를 모두 알아야만 작성할 수 있다. 이와 달리, 일목균형표에서는 중간값을 대상으로 작성하므로, 대상 기간의 주가 최고치와 최저치만 알면 작성할 수 있다. 따라서 일목균형표에서는 그 기간의 최고치와 최저치를 제외한 나머지 주가 자료는 전부 무시된다.

이동평균선은 5일, 20일, 60일, 120일을 기준으로 작성한다. 반

면에 일목균형표는 단지 9일과 26일만을 대상 기간으로 한다. 보통 주식시장이 열리는 영업일을 기준으로 9일은 보름 정도의 기간이고, 26일은 대략 한 달이 약간 넘는 기간이다.

일목균형표의 기준선을 활용한 단기매매

일목균형표에서는 현재의 주가, 기준선, 전환선의 관계를 활용하여 다음과 같이 매매한다.

첫째, 기준선은 당일을 포함하여 과거 26일 동안의 최고치와 최저치의 중간값(median)으로 그린다. 특히 종가가 아닌 주식시장이 열려 있는 시간 중에 기록된 최고치와 최저치를 대상으로 한다.

기준선은 말 그대로 장기간 주가 추세의 기준이 되는 굉장히 중요한 선이다. 기준선의 움직임을 통해 주가의 추세를 파악할 수 있다. 즉, 기준선이 올라가는 방향이라면 현재 주가가 상승세이고, 반대로 기준선이 내려가는 방향이라면 현재 주가는 하락세라 판단한다.

그러면 기준선은 언제쯤 방향이 틀어질까? 만약 현재 주가가 과거 26일간의 최고치와 최저치 사이에서 등락을 거듭한다면, 그 중간값은 변하지 않으므로 기준선은 수평을 유지한다. 반면에, 최근 주가가 과거 26일간의 최고치를 경신하여 상향 돌파하는 순간, 기준선은 상승세로 진입하며, 최근 주가가 최저치를 경신하면서 하향 돌파하는 순간에 기준선은 하락세로 전환된다.

둘째, 전환선은 과거 9일 동안의 최고치와 최저치의 중간값으로 그린다. 기준선과 마찬가지로 과거 9일간의 주가가 최고치와 최저치 사이에서 맴돌면, 기준선은 수평선을 유지한다. 그런데 최근 주가가 그 범위를 벗어나 상향 돌파하면 상승세로, 그 범위를 하향 돌파하면 하락세로 나타난다.

기준선이 주가의 중장기 추세를 보여준다면, 전환선은 그 추세가 전환되는 시기와 방향을 알려준다.

셋째, 기준선과 주가와의 관계를 통해 주가의 추세를 파악할 수 있다. 현재의 주가가 기준선 위에 있으면 상승세이고, 반대로 기준선 밑에 있으면 하락세로 파악한다.

넷째, 현재의 주가가 상승세라면 시간이 지날수록 저점과 고점이 차례차례 올라간다. 이처럼 주가 상승기에는 전환선이 먼저 상승한 후 일정 기간이 흘러야 기준선이 상승한다. 왜냐하면, 전환선은 (주가가 많이 오른) 과거 9일 동안의 중간값으로 그린 데 반해, 기준선은 (주가가 오르기 직전인) 과거 26일 동안의 중간값으로 그리기 때문이다. 이에 반해, 현재의 주가가 하락세라면 먼저 전환선이 하락세로 접어든 후 일정 기간이 지나서야 기준선이 내려간다.

이 논리를 주식투자에 활용하면, 전환선이 추세를 바꾸는 지점이 가장 적절한 매매 시기가 된다. 다시 말해, 전환선이 기준선을 상향 돌파하면 매수 신호로, 반대로 전환선이 기준선을 하향 돌파하면

(도표 2-17) KODEX200(종목코드: 069500)의 일목균형표

매도신호로 파악한다.

(도표 2-17)을 보며 KODEX200의 일목균형표를 분석해 보자. 이 종목은 2020년 3월에 최저점을 찍은 후 장대 양봉이 나타나면서 주가가 급등했다. 이로 인해 기준선은 계속 하락세이지만 전환선이 상승세가 되면서 4월에 두 선이 서로 교차하는 골든크로스가 나타났다. 이때가 바로 매수 시점이다. 이어서 전환선이 항상 기준선 위에 놓이면서 주가는 계속 상승세를 유지하다가 6월에 일시 조정을 받지만, 재차 상승해 드디어 최고가를 갱신했다.

주가지수에 반비례하는 종목인 KODEX인버스의 일목균형표는 (도표 2-18)과 같다. 정비례 종목과는 위아래가 뒤집힌 모양새를 보인다.

(도표 2-18) KODEX인버스(종목코드: 114800)의 일목균형표

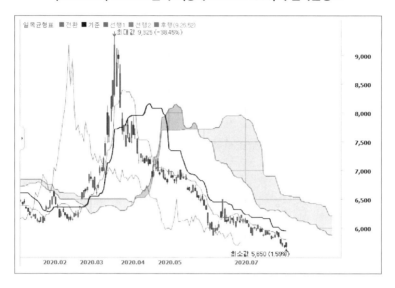

일목균형표의 구름을 작성하는 방법

일목균형표에서 추세의 방향을 분석하는 또 다른 방법으로, 선행 스팬1과 선행스팬2로 구성되는 구름대와 주가와의 관계를 따져보 는 것이다.

첫째, 선행스팬1은 오늘의 기준선과 전환선의 중간값을 선으로 이어서 작성한다. 다만, 이를 차트에 표시할 때 주의할 사항이 하나 있다. 선행이라는 말대로 오늘 날짜의 선행스팬1을 그래프에서 오 늘 날짜가 아닌, 오늘로부터 26일 이후의 미래 날짜에 선행하여 표시한다.

오늘 주식시장이 열리면서 기록된 고점, 저점, 종가 등에 따라 도출되는 기준선과 전환선은 모두 그래프의 오늘 날짜에 표시한다. 그러나 선행스팬은 오늘 날짜가 아니라, 26일 후의 날짜가 되는 지점에 표시한다. 예를 들어, 오늘이 1월 3일이라면 26일 후 영업일인 2월 8일에 선행스팬1로 표시한다.

둘째, 선행스팬2는 오늘을 포함하여 과거 52일 동안의 최고치와 최저치의 중간값을 말한다. 선행스팬2도 오늘 날짜가 아닌 26일 후의 날짜에 선행하여 표시한다.

셋째, 선행스팬1과 선행스팬2로 만들어지는 공간에 빗금을 그어 표시한 범위를 구름(雲)이라고 부른다. 구름은 일정 기간에 거래되어 쌓여 있는 매물장벽으로서, 다음과 같이 양운(楊雲)과 음운(陰雲)으로 구분된다.

- 양운: 선행스팬1이 선행스팬2의 상단에 위치하여 상승 추세
- 음운: 선행스팬2가 선행스팬1의 상단에 위치하여 하락 추세

일목균형표의 구름을 활용한 단기매매

일목균형표에서 구름은 현재 주가의 추세, 그리고 저항선(혹은 지

지선)으로 작용하기 때문에 굉장히 중요하다.

첫째, 현재 주가가 구름 위에 있으면 상승세이므로 매수전략을, 구름 아래에 위치하면 하락세이므로 매도전략을 따른다.

둘째, 주가가 구름에 접근하면 지지선이나 저항선으로 작용한다. 구체적인 사례를 들어본다. 주가가 상승세에서 추세가 반전되어 계속 하락하다가 양운까지 근접하면, 일단 양운이 지지선으로 작용한다. 만약 양운의 두께가 두꺼우면 주가 하락을 지지하여 상승 추세로 반전시키기도 한다. 하지만, 이 경우 주가가 양운을 완전히 뚫고 하향 돌파하면, 하락세로 반전된 것이므로 보유 주식을 매도해야 한다.

셋째, 주가가 하락세를 멈추고 상승 반전하다가 음운에 도달하면, 음운이 저항선으로 작용한다. 특히 구름의 두께가 굉장히 두꺼운 상황에서 주가 상승을 저항하면서 다시 하락세로 반전시킬 수 있다. 하지만 주가가 음운을 완벽하게 뚫고 상향 돌파하면 상승세에 진입한 것으로 보고 주식을 매수한다.

넷째, 특정 종목의 주가가 구름 아래로 내려간 상태라면, 당분간 투자 대상에서 제외한다. 차후 저점을 찍고 바닥에서 반등하여 구름을 상향 돌파하는 시점에 매수해도 늦지 않다.

(도표 2-17)의 KODEX200 일목균형표를 다시 살펴보자. 이 종목의 주가는 2020년 3월에 최저점을 찍고 급반등한 후, 4월에는 전환선과 기준선이 교차하는 골든크로스가 나타났다. 그리고 5월에는 가뿐하게 음운을 뚫고 거침없이 상승하며 최고가를 향해 질주했다.

(도표 2-18)은 주가지수에 반비례하는 KODEX인버스의 일목균형표이다. 현재 이 종목의 주가는 두꺼운 음운 밑에 놓여 있고, 또한 전환선이 기준선 밑에서 지속적으로 하락세를 보이는 상태다. 향후 전환선이 상승 반전하여 기준선을 돌파하는 시점까지 관망하기 바란다.

08
기술적 분석
종합 검토

기술적 분석을 종합 정리하면

세계 최초로 주식시장이 개설된 후 수많은 전문가가 다양한 유형의 기술적 분석 기법을 개발했다. 물론 주식투자를 이용해 (평생 무위도식하면서 살 수 있을 정도의) 목돈을 챙기기 위해서였다. 그들 중 일부는 미래 주가를 잘 예측하여 갑부가 된 사람도 있었고, 잘못된 결과로 인해 패가망신한 사람도 있었다.

지금까지 기술적 분석 기법 중에서 비교적 단순하면서 미래 주가의 예측 가능성이 큰 몇 가지 기법을 살펴보았다. 종합 검토하는 차원에서 그 내용을 정리해 본다.

첫째, 봉차트는 일정 기간의 주가를 시초가, 고가, 저가, 종가로 나누어 봉(캔들)의 모습으로 작성한 그래프다. 일봉차트는 하루 동안의 주가 움직임을 그린 것으로 단기 변동성을 나타낸다. 주봉과 월봉은 중장기 주가 추세를 전망하는 데 이용된다.

일반적으로 주가의 상승세에서 나타나는 장대 음봉은 하락 반전의 신호탄으로, 반면에 주가의 하락세에서 나타나는 장대 양봉은 상승 반전의 시그널로 판단한다.

둘째, 이동평균선은 일정 기간(5일, 20일, 60일, 120일)의 주가를 이동평균하여 산출된 수치를 이어서 만든 그래프를 말한다.

일반적으로 주가가 상승세에서는 위에서부터 아래로 주가, 5일선, 20일선, 60일선, 120선이 정배열 하는 모습을 보인다. 그러다가 주가가 5일선부터 차례로 120선까지 하향 돌파하는 데드크로스가 나타나면 하락세에 접어든 것으로 판단한다. 보유한 주식을 매도할 타이밍이다.

반면에 주가 하락세에서는 위에서부터 아래로 120일선, 60일선, 20일선, 5일선, 주가가 역배열 하는 모습을 보인다. 그러다가 주가가 각 이동평균선을 상향 돌파하는 골든크로스가 나타나면 상승세에 접어든 것으로 판단한다. 주식을 매수할 시그널로 인식한다.

셋째, 이격도는 주가가 이동평균선에서 크게 벌어질수록, 구심력이 작용하여 이동평균선으로 반드시 되돌아오려는 현상을 활용하여 매매하는 기법이다. 이격도 지표 중 하나인 PMAO은 5일선과

20일선의 벌어지는 정도를 그린 차트이다. 일례로 PMAO가 (+)5% 이상이면 과열 상태이므로 매도하고, (-)5% 이하면 침체 상태이므로 매수한다.

넷째, MACD는 이격도와 유사하게 이동평균선의 벌어짐의 차이를 고려하여 매매하는 투자기법이다. MACD는 12일선(2주일 주가를 기준으로 하는 단기선)과 26일선(한 달 남짓의 주가를 기준으로 하는 중기선)의 벌어짐의 차이를, 시그널 라인은 MACD의 9일 지수 이동평균을 이용해 차트를 작성한다.

MACD가 시그널 라인을 교차하여 상향 돌파할 때(cross above) 매수하고, 반대로 하향 돌파할 때(cross below) 매도한다. 특히 MACD 곡선이 0을 통과하는 지점이 두 이동평균선이 서로 교차하는 상태(골든크로스 혹은 데드크로스)가 된다. 따라서 두 이동평균선이 서로 교차할 때가 아니라, 그 간격이 최대한 벌어진 시점을 찾아 매매하면 무난하다.

다섯째, 상대강도지수(RSI)는 과거 14일 동안(보통 3주간)의 주가 상승 폭을 전체 폭(=주가 상승 폭 + 주가 하락 폭)으로 나눠 백분율로 표시한 지표를 말한다. 그 14일 내내 주가가 상승하면 RSI는 100%, 내리 하락하면 RSI는 0%가 된다.

RSI가 75% 이상이면 과열(매수 초과)된 상태이므로, 보유 주식을 매도하고 빠져나올 시기다. 반면에 RSI가 25% 이하면 침체(매도 초과)한 상태로서, 주식을 매수할 시기다.

특히 RSI가 25% 이하이고, RSI(하단의 흑색선)가 RSI-Signal(하단의 적색선)을 상향 돌파하는 지점에서 매수한다. 반대로 RSI가 75% 이상이고, RSI가 RSI-Signal을 하향 돌파하면 매도한다. 특히 RSI가 25~75% 사이에서 RSI와 RSI-Signal이 비비 꼬이는 상황이라면, 그 추세가 명확해질 때까지 투자를 중단한다.

여섯째, 스토캐스틱(Stochastic)은 최근 종가가 5일간의 최고가와 최저가 중 어디에 위치하는지를 이용해 주식을 매매하는 분석 기법이다. 우선, 스토캐스틱 %K선은 A(=최근 종가 - 최저가)를 B(=최고가 - 최저가)로 나눠 백분율로 측정한 지표를 그은 선을 말한다. 그리고 %D선은 %K를 3일간 이동 평균한 수치를 이은 선이다.

페스트(fast) 스토캐스틱은 %K선과 %D선을 이용하여 작성한 선을 말한다. 패스트라는 말 그대로 산출 대상 기간이 아주 짧아, 그 변동 폭이 너무 커서 매수 및 매도 신호가 시시때때로 변하는 문제가 있다. 따라서 %K선과 %D선을 재차 이동 평균하여 그린 완만한 곡선인 슬로우(slow) 스토캐스틱이 더 많이 활용된다.

슬로우 %K가 15% 이하인 상태에서 %K선이 %D선을 상향 돌파하는 골든크로스 지점에서 매수한다. 반면에 슬로우 %K가 85% 이상인 상태에서 %K선이 %D선을 하향 돌파하는 데드크로스 지점에서 매도한다.

(도표 2-19) KODEX200(종목코드: 069500)의 종합 분석

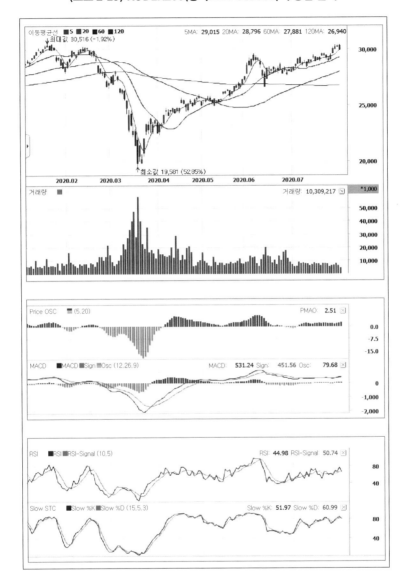

(도표 2-20) KODEX인버스(종목코드: 114800)의 종합 분석

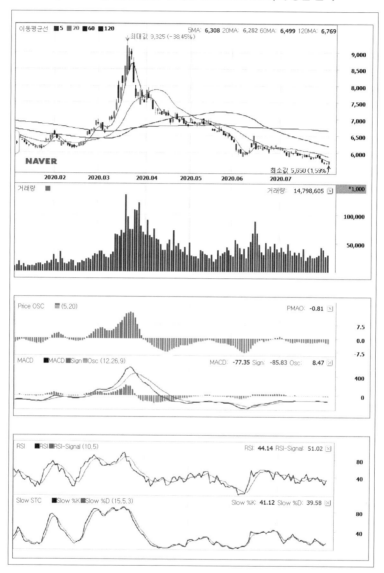

일곱째, 일목균형표는 일목요연하게 주식시장에서 매수세와 매도세의 균형 상태를 나타내는 그래프를 말한다.

우선, 기준선(과거 26일간의 최고치와 최저치의 중간값)을 중심으로 하여 전환선(과거 9일간의 최고치와 최저치의 중간값)이 밑에서 위로 상향 돌파하는 골든크로스가 나타나면 매수한다. 반면에 전환선이 기준선 위에서 밑으로 하향 돌파하는 데드크로스가 나타나면 매도한다.

다음으로 일목균형표에 나오는 구름을 활용하여 매매 신호를 체크한다. 일단 선행스팬1이 선행스팬2의 상단에 위치하여 상승세일 때의 구름을 양운이라고 한다. 반면에 음운은 선행스팬2가 선행스팬1의 상단에 위치하여 하락세일 때의 구름을 말한다.

주가가 하락세를 멈추고 상승 반전한 후에, 주가가 음운을 완벽하게 뚫고 상향 돌파하면 주식을 매수한다. 한편, 주가가 상승세를 멈추고 하락 반전한 후에, 주가가 양운을 뚫고 하향 돌파하면 보유 주식을 매도한다.

위의 내용을 종합하여, KODEX200과 KODEX인버스의 기술적 분석 지표를 그려보면 (도표 2-19)와 (도표 2-20)과 같다.

주식의 매매원칙을 정한다

실제 기술적 분석 기법을 사용하여 주식을 매매하다 보면, 각 기법끼리 서로 충돌하는 상황이 종종 발생한다. 예를 들어, 어떤 기법은 매수 신호를 보내는데, 다른 기법은 매도 신호를 보내는 상황이다. 왜 이러한 상황이 발생할까?

우선, 주가가 현저하게 상승세(혹은 하락세)를 보일 때에는 약간의 시차는 존재하지만, 기술적 분석 기법 대부분이 그 추세를 제대로 예측한다. 또한, 주가가 상승세에서 하락세(혹은 하락세에서 상승세)로 전환되는 상황에서도 약간의 시차는 존재하지만, 기술적 분석 기법 대부분이 그 추세의 전환까지도 제대로 예측한다.

그러나 주가가 박스권에서 올랐다 내렸다 하는 경우, 분석적 기법 간의 충돌이 자주 나타난다. 그 이유는 주가를 분석하는 관점, 대상으로 하는 기간, 주가의 민감도 등이 기법마다 각기 다르게 설정되어 있기 때문이다. 이런 차이로 인해 주가 변화에 예민하게 반응하는 기법이 있는 반면에, 주가의 추세 변화가 완전히 전환되어야 신호를 보내는 안정적 기법도 있다.

이런 상황에서 이 기법과 저 기법 사이를 오락가락하다 보면 큰 혼란에 빠져 실패할 가능성이 커진다. 예를 들어, 이동평균선의 골든크로스에서 매수했다가, 일목균형표의 매도 신호에 따라 매도하는 식이다. 주가가 상승하면 더 올라갈 것이라는 과욕이 더해지고, 주가가 하락하면 더 내려갈 것이라는 공포감 때문에 투자 판단이 흐려지기 때문에 이런 상황이 벌어진다.

주식투자에서 가장 중요한 것은 스스로 원칙을 정하고, 어떤 일이 있어도 이를 따르는 것이다. 다시 말해, 여러 기술적 분석 기법을 활용하여 소액을 투자해 많은 경험을 쌓아보고 자신에게 가장 걸맞은 기법을 하나만 고른다. 예를 들어 일목균형표에서 매수 신호에 따라 주식을 매수하고, 나중에 매도 신호가 나와 매도한 결과 투자수익률이 가장 높았다면 이 방식을 선택한다.

특히 기술적 분석 기법 중 자신에게 적합한 방법을 정했다면, 그 기법에서 지시하는 바를 충실하게 따르기 바란다. 이것만이 주식투자에서 성공할 수 있는 최선의 투자 기법이다.

제3장

장기 투자,
그 추세에 올라타다

일러두기_ 이 장에 수록된 차트는 '한국은행 경제통계시스템(ECOS)'에서 제공하는 화면을 캡처하였습니다.

01
코스피의
변동 사이클 알아보기

경제를 읽는 눈이 투자 결과를 좌우한다

주식에 장기 투자해야 한다고 할 때, 개인투자자들 사이에서 다음의 이야기가 반드시 회자된다.

'1997년 외환위기 당시 삼성전자 주식을 5만원에 매입하여 대략 20년만 보유했더라면 250만원까지 상승했으니 투자원금이 50배로 늘어났다. 그때 1억원을 매수했더라면 50억원을 챙길 수 있었다.'

우리나라가 1997년 외환위기와 2008년 금융위기를 겪으면서 주식시장에 상장된 총 2,300여 종목 중에서 삼성전자는 살아남아 주가가 크게 상승했다. 다시 말해, 그동안 외화 부족이나 경기 침체 등의 다양한 사유로 인해 절반 이상의 상장 종목이 부도나 파산 등으로 상장 폐지되었다. 주식이 모두 휴짓조각이 된 것이다. 따라서 개인투자자가 삼성전자가 아닌 다른 종목을 골라 매수했었더라면, 상장폐지로 인해 투자자금 전액을 날리게 된 것이다.

앞서 우리는 개별 종목 투자의 문제점에 대한 대안으로 주가지수 투자를 살펴보았다. 주가지수 투자란 개별 종목이 아닌 상장된 모든 종목을 사는 것이다. 모든 종목을 산다면, 개인투자자는 상장폐지에 따른 염려나 위험 없이 안전한 투자수익률을 확보할 수 있다.

그러나 주가지수 투자에도 몇 가지 선택지가 있음을 보았다. 코스피 혹은 코스닥지수와 정비례하는 종목에 투자할 것인지 아니면 반비례하는 종목에 투자할 것인지, 좀 더 공격적으로 나아갈 것인지 안정적으로 물러날 것인지는 개인 스스로가 판단할 문제다. 이때 판단의 기준은 경제와 주가의 흐름을 읽는 개인의 안목이 될 것이다.

이번 장은 경제를 읽는 개인의 안목을 높이는 데 초점을 맞추었다. 그렇다고 전문적인 지식을 습득해야 한다는 무리한 이야기를 하려는 것이 아니다. 최소한 우리나라의 경제는 어떻게 흘러왔고 어떻게 흘러갈 것인지, 향후 주가가 상승할지 하락할지 정도는 판단할 수 있도록 하려는 것이다.

이를 위해 과거의 주가 및 경제 흐름을 분석해 미래를 좀 더 정확히 전망하는 데 도움을 주는 것이 이 장의 목표다. 개인투자자들에게 가장 중요한 것은 투자 결과이고, 그것은 미래에 확인할 수 있으므로 미래 전망이 중요하다.

(도표 3-1) 코스피의 변동 사이클

사이클	시점	기간	코스피(포인트)	투자수익률
제1사이클	1980년 1월	-	100	-
	1989년 4월	112개월	1,007	+1,007%
	1992년 8월	40개월	459	-54%
제2사이클	1994년 11월	27개월	1,138	+248%
	1998년 6월	43개월	280	-75%
제3사이클	2007년 10월	100개월	2,064	+737%
	2009년 1월	15개월	754	-63%
제4사이클	2018년 1월	108개월	2,566	+341%

과거 40년 동안의 코스피의 흐름

과거의 경제 흐름은 국내 주식시장의 주류라 할 수 있는 코스피의 역사로 설명할 수 있다. (도표 3-1)은 1980년 1월부터 2020년 3월까지 코스피의 추이를 나타내고 있다. 즉 과거 40년간 코스피의 흐름을 살펴보면, 총 4번의 사이클로 요약할 수 있다.

제1사이클은 1980년 1월~1992년 8월까지로 볼 수 있다.

1980년 100포인트에서 출발한 코스피는 몇 년간 거의 변동이 없다가 1986년 1월부터 힘차게 치솟는다. 그러다가 '88서울올림픽' 다음 해인 1989년 4월에 1,007포인트로 최고점을 찍는다. 약 4년 만에 코스피가 10배 상승한 것이다. 그렇게 급등했던 코스피는 그 후 하락 반전하여 1992년 8월 최고점의 절반인 459포인트까지 폭락한다. 이것이 코스피의 1차 폭락이다.

제2사이클은 1992년 8월~1998년 9월까지로 볼 수 있다.

1992년 코스피는 459포인트에서 출발해 1994년 최고점인 1,138포인트를 찍는다. 겨우 2년 만에 2배나 상승한 것이다. 그러나 1997년 말 외환위기를 겪으면서 그다음 해인 1998년 9월에는 280포인트까지 폭락한다. 최고점 대비 3분의 1수준으로 떨어진 것이다. 이것이 코스피의 2차 폭락이다.

제3사이클은 1998년 9월~2009년 1월까지로 볼 수 있다.

1998년 코스피는 최저점인 280포인트에서 출발한다. 2000년 IT버블 붕괴와 2002년 카드대란 등의 위기가 닥치면서 일시적인 조정에도 힘차게 치솟는다. 그리고 2007년 드디어 꿈에 그리던 2,064포인트를 돌파한다. 최저점에서 7배나 폭등한 수치다. 그러나 2007년부터 미국에서 시작된 글로벌 금융위기가 전 세계를 휘청거리게 하더니, 우리 역시 직격탄을 맞았다. 그 여파로 2009년 1월 코스피는 754포인트까지 폭락한다. 최고점 대비 3분의 1 수준으로 떨어진 이때를 코스피의 3차 폭락으로 볼 수 있다.

끝으로 제4사이클은 2009년 1월~현재까지로 볼 수 있다.

2009년 코스피는 754포인트라는 최저점에서 출발했지만, 2011년 5월 2,228포인트로 최고점을 찍는다. 2007년에 이어 두 번째로 2,000포인트의 장벽을 깬 것이다. 하지만 그 후 5년에 걸쳐 최저 1,800포인트 최고 2,100포인트라는 박스권에 갇혀 지루하게 횡보하는 모습을 보인다. 그러다가 2016년에 드디어 박스권을 깨고 힘찬 상승세를 보이면서 2018년 1월 국내 증시 역사상 최고점인 2,566포인트를 달성한 후 하락 반전한다.

출범한 지 40년이 된 코스피의 추이를 간략히 정리해보았다. 코스피지수가 이처럼 급격한 변동을 보인 이유는 무엇일까? 그 해답과 관련하여, 각 주기를 결정지은 사건과 경제 이슈를 중심으로 4회의 코스피 사이클에 대해 살펴보고자 한다.

02
1980~1992, 해외에서 부는 바람에 출렁이던 증시
무역수지와 주가

이번 절에서는 코스피의 제1사이클(1980년 1월~1992년 8월)을 통해 무역수지 및 물가가 주가지수에 어떤 영향을 미치는지 살펴보자.

88올림픽과 2차 석유파동

코스피는 1980년 1월 100포인트로 출발해 5년 동안 미세한 움직임만 보이다가, 1985년 1월부터 가파르게 상승했다. 다시 말해 88서울올림픽을 기점으로 다음 해인 1989년 4월에 1,007포인트로 최고점을 찍고, 1992년 8월 최고점의 절반 수준인 459포인트까지 폭락했다. 이것이 코스피의 제1사이클이었다. 일반적으로 올림픽이나 월드컵 등의 국제 행사가 열리면, 그 전후로 주가는 급등하지만, 잔치가 끝나면 주가도 하락세로 전환된다는 사실을 알게 된다.

(도표 3-2) 코스피와 무역수지의 추이

코스피(1981년 1월~1992년 12월)

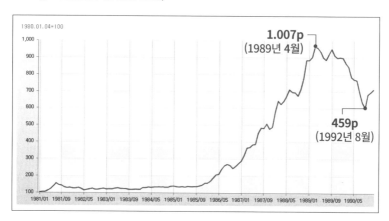

무역수지(1981년 1월~1992년 12월)

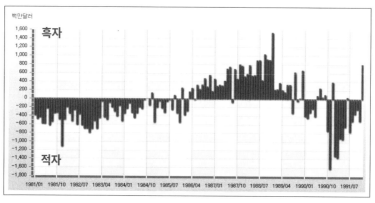

출처: 한국은행 경제통계시스템

(도표 3-2)는 제1사이클 동안 코스피의 변동과 무역수지의 흐름이 어땠는지 비교한 자료이다. 무역수지(현재는 상품수지로 용어가 변경)란 수출액에서 수입액을 뺀 금액을 말한다. 따라서 무역수지는

수출액이 수입액보다 많으면 흑자를, 수출액이 수입액보다 적으면 적자를 기록한다.

일반적으로 무역수지가 흑자를 보이면 수출로 벌어들인 외환이 수입으로 지급한 외환보다 많아서, 정부의 보유 외환이 늘어나고 국민소득도 증가한다. 반면에, 무역수지가 적자를 기록하면 국내에서 빠져나가는 외환이 더 많으므로, 정부의 보유 외환이 줄어들면서 국민소득 역시 감소한다.

국내 무역수지는 1985년까지 매월 6억 달러의 적자를 기록하다가 1986년에 접어들면서 흑자로 돌아섰다. 그 후 매월 6억 달러의 흑자를 기록하다가, 올림픽이 열린 1988년 12월에는 무려 15억 달러라는 최고 수준의 흑자를 달성했다. 하지만 1990년부터는 매월 10억 달러의 무역적자로 재차 돌아섰다.

1986년 이후 무역흑자를 달성할 수 있었던 가장 큰 원인은 국제유가의 하락이었다(도표 3-3). 당시 국제유가의 등락은 대표적인 원유 생산국인 이란이 정치적·사회적으로 혼란한 데서 비롯되었다.

(도표 3-3) 두바이 유가의 변동

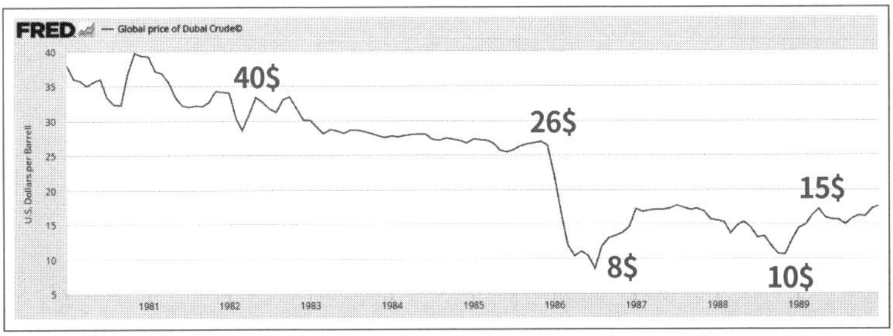

출처: 미국 세인트루이스 연준(1980~1990)

1978년 이란에서 유전 지역의 노동자 파업이 발생하고, 그 여파로 팔레비 왕정이 무너지면서 새롭게 출발한 호메이니 정부가 석유 수출 전면 금지를 내세우면서 제2차 석유파동이 터진다. 그 영향으로 배럴당 10달러였던 유가가 40달러 이상으로 폭등했다. 이어서 선진국들의 석유 절감 정책에 따라 서서히 하락세를 보이던 유가는 1985년 배럴당 26달러로, 다시 1986년에는 배럴당 8달러까지 폭락했다. 그 후 국제유가는 배럴당 10~15달러 수준에서 안정화되었다.

이런 '저유가 현상'을 발판으로 국내 중화학 업체들은 생산원가를 크게 줄일 수 있었고 이로써 무역수지 흑자의 발판이 마련되었다. 그리고 무역수지 흑자에 따라 코스피도 크게 상승하면서 증시에 돈이 몰리게 된 것이다.

국내 정치 혼란과 3저 현상

원래 무역수지가 흑자면 주가도 상승하고 무역수지가 적자면 주가도 하락한다. 이와 마찬가지로 국내 물가와 경제성장도 주가에 직접적인 영향을 미친다. 1985년부터 주가가 급등한 원인도 안정적인 물가와 경제성장에 있었다.

사실 1980년대 초반은 1979년 10·26사태, 12·12 군사 쿠데타로 인해 정치적으로 아수라장이었다. 심지어 1980년에는 물가상승률이 30%대로 껑충 오르며 경제적으로도 혼수상태였다. 이에 전두

(도표 3-4) 엔/달러 환율 변동

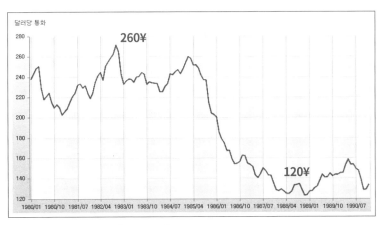

출처: 한국은행 경제통계시스템(1980~1990)

환 정부는 강력한 긴축정책을 펼치며 고공 행진하던 물가를 잡는다. 그 결과 물가는 1983~1987년 연 2% 수준에서 안정화되었다.

물가 안정과 더불어 국내 경제가 안정적 성장을 달성하게 된 원인으로 이른바 3저 현상을 꼽을 수 있다. 3저 현상이란 저유가, 저달러·엔고, 저금리를 말한다. 저유가 현상에 대해서는 앞서 살펴본 제2차 석유파동과 관련이 있고 저달러·엔고, 저금리에 대해서는 좀 더 살펴보자.

(도표 3-4)에서 보듯이, 1980년대 초반에 260엔 수준에서 움직이던 엔/달러 환율이 1987년 말 120엔까지 급락했다. 이렇게 엔/달러 환율이 급락한 이유는 1985년 있었던 일명 플라자협정 체결의 결과였다. 플라자협정이란 쉽게 말해, 미국이 자국의 무역 및 재정 적자를 줄이기 위해 일본과 독일의 통화를 인위적으로 조정한

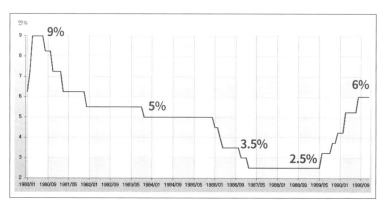

출처: 한국은행 경제통계시스템(1980~1990)

것을 말한다.

이러한 협정의 결과 엔고 현상이 나타나면서 일본 제품의 국제적인 가격은 2배로 뛰었다. 이에 우리나라 제품들이 어부지리로 국제시장에서 가격경쟁력을 얻게 되었고, 그 결과 경제성장이라는 열매를 쥐게 된 것이다.

그렇다면 저금리 현상은 어떻게 국내 경제성장의 발판이 되었을까? 저금리 현상은 플라자협정에 따른 엔고 현상과 밀접한 관계가 있다. 1980년대 일본은행은 재할인율을 9%로 매우 높은 수준을 유지했지만, 불경기가 이어지자 재할인율을 지속적으로 낮췄다. 1987년 2월에는 일본은행의 재할인율이 2.5%까지 인하된다. 재할인율이란 중앙은행이 일반은행에 자금을 빌려줄 때 적용되는 금리를 말한다. 당시 일본은행의 재할인율 변동은 (도표 3-5)에서 확인할 수 있다.

일본은행의 재할인율이 낮아지면서 시중에 풀린 엔화 자금이 일본 국내에 흘러넘치자, 그 반사작용으로 우리나라에도 저금리 엔화 자금이 물밀듯이 유입되기 시작했다. 국내에 저금리 자금이 많아지면서 국내 대출 금리는 하락했고 국내 기업들은 저금리 자금을 설비투자에 투입했다. 바로 이것이 경기 호황으로 이어진 것이다.

재할인율 인하 정책을 펼치던 일본은 지가 및 주가가 폭등하는, 이른바 심각한 버블현상을 겪게 되었다. 이에 일본은 1989년 5월부터 금리인상 정책으로 전환하는데, 1990년 재할인율을 6% 수준까지 인상했다. 이로 인해 국내에 물밀듯이 유입되었던 엔화 자금은 썰물같이 빠져나가게 된다.

주가 급등과 공급 폭탄

제1사이클 동안 국내 경제는 해외에서 불어온 3저 현상과 물가 안정을 통해 1985년 이후 연 10%에 달하는 경제성장률을 기록했다. 수출이 급격히 증가하면서 국내 기업들의 경영실적 또한 크게 호전되었다. 이에 새로운 공장을 짓는 등 설비투자가 증가했다. 때마침 86아시안게임과 88서울올림픽도 설비투자를 더욱 증폭시키는 계기가 되었다. 주경기장과 숙소 건축, 도로, 공항, 항만 등 사회기반시설(SOC)의 보강 및 신축이 이루어졌다.

이러한 대규모 설비투자와 함께 3저 현상이 맞물리면서 국내 경제는 호황에 접어들었다. 국민소득이 늘어나면 여윳돈도 많아지면서 재테크 열풍으로 이어지는 것은 당연한 수순이다.

당시 가계의 여윳돈이 부동산시장과 주식시장에 흘러 들어가면서 지가와 주가가 폭등했다. 1980~1987년 동안에 연 평균 10% 수준이던 지가 상승세는 1988년 27%, 1989년 32%, 1990년 20%로 가파르게 뛰어올랐다. 겨우 3년 만에 땅값이 2배나 뛴 것이다. 1988~1991년 사이 아파트 가격은 전국 평균 2.6배나 상승한다. 주가도 마찬가지였다. 앞서 보았듯이, 1986년 1월 150포인트였던 코스피는 1989년 국내 주식시장 최초로 1,000포인트를 달성했다.

당시 폭등하는 부동산 가격을 잡기 위해, 노태우 정부는 신도시 건설에 나섰다. 서울 근교인 분당과 일산에 중대형 아파트를 포함해 주택 200만 호 건설을 추진한 것이다.

그렇다면 주가는 어떻게 잡았을까? 일단, 주가가 하락하는 것을 좋아하는 정부는 세상 어디에도 없다. 주가가 상승한다는 것은 기업실적이 양호하고 경제가 잘 돌아간다는 것을 의미하므로, 정부의 경제정책이 성공했음을 증명해준다. 그러나 짧은 기간에 주가가 급등하는 것은 이야기가 다르다. 주가의 단기 급등은 늘 물가상승을 수반하기 때문이다.

경제 이론상 소비는 소득에 따라 좌우된다. 월급이 늘면 소비도 증가한다. 더불어 소비를 결정하는 또 다른 요인이 있는데, 일명 '부의 효과(wealth effect)'라는 현상이다. 지가나 주가 등이 올라 자산이 증가하면, 자신이 마치 부자가 된 것으로 생각하고 소비를 늘리는 현상을 말한다.

예를 들어, 부동산이나 주식에 투자해 고수익을 올리면, 그동안 구매를 미루었던 자동차를 사고 가전제품을 바꾼다. 이처럼 소비가 늘어나면 물가가 상승하는 인플레이션이 발생한다. 따라서 정부는 물가상승을 억제하기 위해 주가 상승을 일정 수준에서 통제할 필요가 있다. 주식 공급을 늘리는 것은 그런 이유 중 하나다.

노태우 정부는 주식 공급확대정책을 펼쳤다. 1988년부터 일명 국민주제도를 도입해 공기업 주식을 일반 국민도 살 수 있게 했다. 이 제도에 따라, 1988년 4월 포스코(포항종합제출)의 주식 8,000만 주가 300만 명에게 분산되었고, 1989년에는 한국전력의 주식 1억 2,775만주가 600만 명에게 골고루 팔렸다. 당시 한국전력의 시가 총액은 전체의 약 15%를 차지할 정도였다. 주식 공급확대정책에 따라 1985년 77만 명에 불과하던 주식투자 인구가 1989년에 접어들면서 무려 1,900만 명으로 폭증한다. 그야말로 주식투자의 열풍이 불었다.

정부의 과다한 주식 공급에 따라 코스피는 1989년 9월부터 하락하기 시작했다. 1990년 8월에는 최고점 대비 40%까지 폭락해 600 포인트까지 내려갔다.

주가 폭락과 역전된 3저 현상

정부의 주식 공급확대정책에 따라 주가가 폭락하자 노태우 정부는 1989년 12월 12일 증시 부양대책을 발표한다. 증시 역사에 기록된 일명 12·12대책으로, 자세한 내용은 이렇다. 한국은행이 돈을 찍어 시중은행에 빌려주고 시중은행은 대한투자신탁, 한국투자신탁, 국민투자신탁 등 3대 투자신탁회사에 3조원을 대출해 주식을 매수하게 한다는 것이다. 그래서 주식시장을 되살리겠다는 것이 당시 노태우 정부의 의지였다.

그러나 이 정책은 효과를 보지 못했다. 12·12 증시 부양대책이 힘을 쓰지 못한 가장 큰 원인은 경기 호황을 낳은 3저 현상이 3고 현상으로 고스란히 역전된 데 있다. 일례로 3고 현상이란 우선, 배럴당 10달러이던 국제유가가 1989년 20달러로 상승한 것을 말한다. 유가 상승에 따라 국내 중화학 산업에서 만든 제품의 생산원가도 급등한다.

3고 현상의 두 번째는 고금리 현상이다. 일본은행의 기준금리는 1989년 5월 2.5%에서 서서히 인상되다가 1990년 6% 수준에 이른다. 이에 따라 국내 기업들의 이자 부담도 급격히 늘어난다. 마지막 3고 현상은 엔고가 엔저로 바뀐 것이다. 120엔이던 엔/달러 환율은 1989년 30% 상승해 160엔을 기록한다. 엔저로 인해 우리나라 제품의 가격경쟁력은 다시 낮아졌다.

12·12 증시 부양대책이 힘을 못 쓴 또 다른 이유는 국내 인건비 급등으로 생산원가가 올라간 것이다. 더불어 일본 기업은 1986년 엔고에 따른 대책으로 동남아지역에 생산기지를 이전하면서 한국산 제품을 공격하기 시작했다. 일본의 기술과 동남아시아의 값싼 노동력으로 무장한 일본 제품을 우리 기업의 제품들이 당해낼 재간

이 없었다. 우리나라의 수출이 급감하면서 무역수지는 다시 적자로 전환되었다.

이처럼 수출이 줄고 경기가 후퇴하자 주식시장을 부양하려는 정부의 인위적인 정책은 통하지 않았다. 정부의 증시 부양대책으로 주식시장은 잠시 회복되는 듯했지만, 결국 뒷심을 발휘하지 못하고 하락을 거듭하면서 1990년에는 코스피가 500포인트까지 폭락했다.

정부가 투자신탁회사에 빌려준 자금이 시중의 통화량을 늘려 오히려 물가상승이라는 부작용만 초래했다. 그러자 정부와 한국은행은 물가를 잡으려고 은행에 빌려준 자금을 회수하기 시작했다. 그 결과 투자신탁회사에 돈을 빌려준 은행이 자금난에 봉착하면서 금리가 급등하고 금융시장은 일대 혼란에 빠진다.

정부가 주식시장에 개입하는 시점이야말로 주식을 매도해야 하는 타이밍이라는 사실을 명심하라.

03
1992~1998, 외환위기로 귀결된 경제개혁
환율과 주가

환율과 주가지수

이 장에서는 코스피의 제2사이클에 대해 살펴보고자 한다.

노태우 정부 시절, 정부의 증시 부양정책은 3고 현상과 함께 힘을 쓰지 못하면서 주가 폭락을 막지 못했다. 폭락한 주가는 1992년 8월 459포인트까지 내려갔으나 2년만인 1994년 11월, 2배 상승한 1,138포인트를 찍으면서 다시 최고점을 경신했다. 만약 개인투자자가 1992년 하반기에 1,000만원의 주식을 매수했다면 투자원금이 2,000만원으로 불어났을 상황이다.

그 후 코스피는 지속적으로 하락 추세로 접어들다가 1997년 말 외환위기를 겪으면서 급락한다. 1998년 9월에는 280포인트까지 내려가는데, 이는 최고점 대비 70% 하락한 수치다. 만약 1,000만

(도표 3-6) 코스피와 환율의 흐름

코스피(1990~2000)

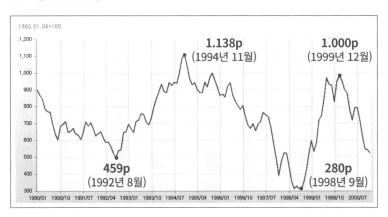

환율(1990~2000)

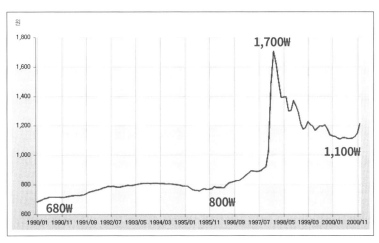

출처: 한국은행 경제통계시스템

원의 주식을 매수한 투자자가 그때까지 주식을 매도하지 않고 계속
보유했다면, 투자원금은 600만원으로 줄어들었을 것이다.

이런 주가지수의 변화는 환율과 밀접한 관계가 있었다.

(도표 3-6)의 상단 그래프는 1990년부터 2000년까지 코스피 추이를 나타내며, 하단 그래프는 같은 기간 환율의 변동을 보여준다. 얼핏 보아도 두 그래프가 거의 상반된 모습을 보인다. 다시 말해, 코스피가 상승할 때 환율은 하락하고, 코스피가 하락할 때 환율은 상승하는 모양새다.

하단의 환율 그래프를 좀 더 자세히 살펴보면, 원/달러 환율은 1990년 1월에 680원이었던 것이 1997년 외환위기 이전까지 800원 내외에서 완만하게 변동한다. 코스피가 최고점을 찍은 1994년 11월, 환율은 오히려 소폭 하락하는 추세를 보인다. 그러다가 갑자기 1997년 10월부터 환율은 절벽을 기어오르듯이 고공 행진해 1998년 1월에는 1,700원대까지 폭등한다. 그 후 원/달러 환율은 다시 급락해 1998년 4월 1,400원, 1999년 1월 1,180원, 2000년 1,100원 수준에서 안정을 되찾는다. 이런 널뛰기 양상을 보이던 환율은 1999년에 접어들면서 안정화되었다. 이때부터 코스피도 상승 추세로 돌아서서 1999년 말 1,000포인트까지 다시 올라갔다.

많은 국내 주식전문가들이 환율과 주가는 반대로 움직인다고 주장한다. 환율이 하락하면 주가가 상승하고, 환율이 상승하면 주가가 하락한다는 것이다. 그렇다면 코스피의 제2차 사이클인 당시도 그런 법칙이 작용한 것일까? 환율이 상승해서 주가가 하락한 것인가? 주가가 하락해서 환율이 상승한 것인가?

'닭이 먼저냐, 달걀이 먼저냐?'와 비슷한 이 논쟁은, 코스피의 제2

사이클 동안 왜 우리나라가 외환위기를 겪게 되었는지를 살펴보면서 그 실마리를 풀어보도록 하자.

금융시장 개방과 과잉투자

1993년 2월 김영삼 정부 출범 당시, 국내 경제는 이른바 3고 현상 때문에 수출이 급감하면서 크게 침체된 상황이었다. (도표 3-7)은 1991~2000년까지 분기별 경제성장률을 나타내고 있다.

우리나라 경제성장률은 1991년 10%대였으나 1992년 4분기 4%로 크게 가라앉았다. 그 시작은 대외적인 원인에 있었다.

1990년 12월에 서독이 동독을 흡수 통일하면서 유럽이 사회적인 변혁기를 맞이했다. 1991년에는 공산주의 진영의 선두를 자처하던 소비에트연방이 해체되면서 냉전체제가 완전히 무너졌다. 이에 우리 정부는 경제정책의 개혁 필요성을 인식하고 개방화, 자율화, 경쟁화를 촉진했다. 정부 주도 경제를 민간 주도로 바꾸려는 의지의 표현이었다.

김영삼 정부의 경제개혁은 우선, 금융시장의 대외적인 개방으로 나타났다. 각종 금융규제를 완화하고 외국 금융기관의 국내 시장 진입을 쉽게 했다. 그 결과 시중은행의 해외점포는 28개나 늘어나고, 24개의 투자금융회사가 종합금융회사(이하 종금사)로 전환되면서 외환업무를 취급하는 금융기관이 급속도로 늘어났다. 금융기관 시장끼리 치열한 경쟁이 시작된 것이다. 결국, 국내외 금융기관을

(도표 3-7) 외환위기 전후 분기별 경제성장률

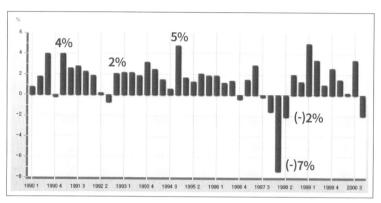

출처: 한국은행 경제통계시스템(1991~2000)

통한 외환 유입이 급증했다.

　또 하나, 당시 정부의 경제정책에서 특징적인 것은 단기적인 경기 부양책이다. 우리 경제는 1980년대부터 정부 주도하에 중화학 산업에 투자하면서 고성장을 유지했지만, 1990년대 초에는 세계적인 경기 침체로 성장이 둔화되기 시작했다.

　당시 김영삼 정부는 장기적인 산업구조 개편보다는 단기적인 경기 부양책에 초점을 맞춘다. 그 결과는 대기업들에 중화학공업 설비증설과 대규모 부동산 개발 사업을 신규로 허가하는 것으로 나타났다. 한보그룹의 당진제철소 건설, 삼미그룹과 기아그룹의 특수강 공장 건설, 쌍방울그룹의 무주리조트 개발, 진로그룹의 남부터미널 개발 등이 그런 예다. 이른바 재벌그룹의 주도하에 대규모 개발 사업이 진행된 것이다.

　이처럼 잠재성장률을 초과한 과잉투자는 과다부채로 이어졌다.

당시 기업의 부채 비율은 약 200%에서 400% 수준으로 늘어났다. 다시 말해, 투자액의 20% 정도만 자기자본으로 조달하고, 나머지 80%는 금융기관 대출로 조달한 것이다.

이런 경기 부양책의 한계는 경제성장률로도 증명된다. 정부의 경기 부양책은 일시적으로 효과를 내는 듯했다. 1993년부터 경제성장률이 조금씩 상승해 1994~1995년에는 10%대 수준을 회복한다. 그러나 1996~1997년 7% 내외로 하락하다가 외환위기를 겪으면서 1998년 (-)7%대로 고꾸라졌다.

무역수지 악화, 외채 급증

김영삼 정부는 경제를 살리기 위해 대기업에 대규모 설비투자를 허가했다. 하지만 대규모 설비투자를 통해 경제가 살아나기는커녕 무역수지 적자만 잇따르는 역효과가 났다. (도표 3-8)에서 그 당시 무역수지 상황을 한눈에 파악할 수 있다.

(도표 3-8)을 보면 1990~1997년 동안 무역수지는 계속해서 적자를 기록한다. 특히 1995년부터 매월 20~30억 달러 적자를 기록하고 있다. 1996~1997년 2년간 누적 적자는 자그마치 500억 달러에 달한다. 그것이야말로 외환위기의 직접적인 빌미가 되었다. 그렇다면 왜 그런 현상이 발생했을까?

경제 이론상 투자가 급하게 늘어나면 무역수지는 적자를 기록할 수밖에 없다. 가령, 1년간 아파트 건설 능력이 30만 채인데도 불구

(도표 3-8) 외환위기 전후 무역수지

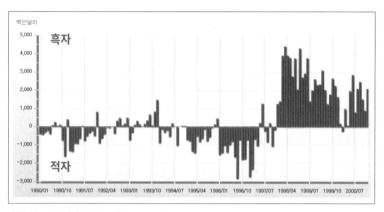

출처: 한국은행 경제통계시스템(1990~2000)

하고 정부가 100만 채를 짓는다고 생각해보자. 이에는 수많은 원자재와 노동력이 들어간다. 철강, 시멘트, 레미콘 회사들이 밤낮으로 생산설비를 가동해 건설용 원자재를 생산해야 한다. 그래도 부족한 자재는 외국에서 수입할 수밖에 없다.

아파트 내부 공사도 마찬가지다. 단열 및 방수, 도색, 수도, 전기, 보일러 외에도 인테리어 등 수많은 작업이 필요하고 단열재, 배관제, 페인트, 벽지 등 원자재 수입이 많아질 수밖에 없다.

한 나라 경제 내에서 수요가 공급을 초과하면 초과 수요를 어떻게 충당하겠는가? 적정 수준을 초과하는 아파트를 건설할 때 무역수지는 당연히 적자를 기록할 수밖에 없다. 말하자면, 잠재성장률을 초과하는 소비와 투자는 물가를 상승시키면서 거액의 무역적자로 이어질 수밖에 없다.

그보다 더 큰 문제는 잇달은 무역적자 때문에 외채가 급증했다는

(도표 3-9) 외환위기 전후 외화차입과 외화상환

출처: 한국은행 경제통계시스템(1990~2000)

점이다. 그런데 정부는 환율을 인위적으로 원/달러 환율을 800원 수준에서 묶어놓았다. 원래 무역적자가 발생하면 해당 금액만큼 외환이 해외로 빠져나가므로 국내에 외화가 부족해지고 환율이 올라가야 정상이다. 그러나 당시 김영삼 정부는 부족한 외환을 해외 금융기관에서 빌려 와 환율을 무리하게 안정화시킨 것이다.

외환위기 전후 우리 정부는 외화를 어느 정도 차입했을까? (도표 3-9)에서 보듯이, 1994~1997년 동안 매월 20억 달러의 외화차입이 이루어졌다. 국내 금융기관이 해외 금융기관으로부터 빌린 외환을 국내 기업이 다시 대출받아 설비투자에 충당했다. 이런 단기외채 때문에 원/달러 환율은 800원 수준에서 움직였다.

그러나 1997년 8월부터 2000년 말까지 외환이 급속도로 유출되고 있음을 볼 수 있다. 과거 차입했던 외화를 매월 평균 20억 달러이상 상환했다는 이야기다. 특히 IMF로부터 외환을 지원받기 직전인 1997년 11월에는 최고 수준인 50억 달러가 유출되었다. 왜 이런 현상이 발생했을까?

눈덩이처럼 불어난 단기외채, 상환 압박

외환위기 직전, 국내에서 외환이 급속도로 빠져나간 것은 불안한 국제금융시장과 관련이 있다.

앞서 설명했듯이, 일본은 1990년 들어 고금리 정책을 펼치면서 주가와 지가가 폭락했다. 그러자 내수경제를 살리기 위해 일본 정부는 채 1년도 안 돼 과감하게 기준금리를 낮추면서 무지막지하게 통화량을 늘렸다. 그때 풀린 저금리 엔화 자금이 국경을 넘어 우리나라를 비롯해 아시아의 모든 금융기관에 퍼져 나갔다.

그러던 와중에 1996년 국제결제은행(BIS, Bank Of International Settlement)은 국제금융기관의 자기자본비율을 8% 이상 유지하도록 규제를 신설했다. 이에 일본 금융기관들이 해외 대출을 빠른 속도로 회수했고, 그러면서 여러 아시아 국가에서 위기 조짐이 나타났다.

1996년 태국의 바트화 폭락이 아시아 외환 위기의 시작이었다. 국내 금융기관들은 동남아시아 지역에 빌려준 자금을 회수하지 못한 상태에서, 일본 금융기관으로부터 대출 상환 압박에 시달리게 되었다. 국내 금융기관들이 대기업에 빌려준 대출을 서둘러 회수할 수밖에 없는 상황이었다.

대출금을 상환하지 못한 국내 대기업들은 줄줄이 부도 위기에 놓였다. 1997년 1월 한보철강, 3월 삼미그룹, 4월 진로그룹, 7월 기아그룹이 등이 잇따라 도산했다. 대기업의 연쇄도산으로 국내 금융기관 또한 거액의 부실채권이 발생하면서 동반 부실화되는 현상이 이어졌다.

국내 금융기관의 신용도가 하락하자 해외 금융기관은 국내 금융기관에 대출 기간을 연장하지 않고 단기대출금을 회수하기 시작했다. 이에 국내 금융기관은 외화 부족에 허덕이게 되었고, 정부가 이들을 지원하면서 국내 보유 외환이 급격히 감소했다. 이렇게 해서 외환위기가 발생한 것이다.

이 모든 사태의 근본적인 원인은 무엇일까? 직접적인 원인 중 하나로 대기업들의 과도한 투자에 따른 단기외채 급증을 꼽을 수 있다. 당시 국내 은행과 종금사는 해외 금융기관으로부터 저금리로 자금을 빌려 일부는 국내 대기업들에 고금리로 대출해주고, 일부는 홍콩과 동남아시아 지역에 고금리 대출과 위험성이 높은 파생상품에 투자하면서 거액의 이익을 챙겼다.

원칙적으로 금융시장이 안정되면 단기금리는 장기금리보다 낮은 수준을 보인다. 만약 1개월 이내에 상환하는 조건이라면 기업은 연 5%의 낮은 이자를 내지만, 10년 이상 장기간에 걸쳐 상환하는 조건이라면 연 10% 이상의 높은 이자를 내야만 한다. 기업이 아무리 우량해도 10년 후에 살아남을 가능성을 현재 점칠 수 없기 때문이다.

외환위기 이전에 국내 금융기관은 해외금융시장에서 단기 저금리 자금을 빌려 국내 기업에 장기 고금리로 대출하면서 막대한 수익을 챙겼다. 국내 금융기관의 단기자금 조달 비율은 1994년 5%에서 1996년 18%로 급증했다. 종금사가 외국금융기관으로부터 단기 대출을 받아 국내 기업에 대출해주면서 국내 기업의 외화부채는 급속도로 증가했다. 단기외채는 외환위기 직전까지 빠른 속도로 늘어나면서 장기외채를 압도하는 수준에 이르렀다.

주가 폭락과 환율 급등

외환위기 당시 주가는 폭락하고 환율은 급등했다. 일부 전문가들은 그 원인을 외국인 투자자에게서 찾는다. 외국인 투자자들이 국내 주식을 매도해 외환이 빠져나갔기 때문이라고 말이다. 과연 그럴까? (도표 3-10)을 보며 정확한 내막을 살펴보자.

우리나라가 외환위기에 들어가기 시작한 1997년에도 외국인 투자자들은 국내 주식을 계속 매수한 것으로 나타난다. 외국인 투자자들은 설마 한국이 외환위기를 겪으리라고는 생각하지 못한 것이다. 1998년 상반기에 약 10억 달러를 매도하지만, 하반기에는 오히려 20억 달러를 매수하는 것을 볼 수 있다. 외환위기 직전인 1997년에도 약 150억 달러를 추가로 매수했다. 당시 주가 폭락과 환율 급등의 원인을 외국인 투자자의 급매도로 진단한 일부 전문가들의 이야기는 사실과 다르다.

1992년 1월부터 우리 주식시장은 외국인 투자자에게 개방되었

(도표 3-10) 외환위기 전후 외국인투자 추이

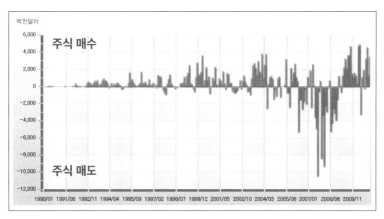

출처: 한국은행 경제통계시스템(1990~2000)

다. 1992~2000년까지 코스피시장의 외국인투자 한도를 정리했다 (도표 3-11). 이를 보면, 정부의 개방화 정책에 따라 외국인 투자자의 국내 주식 보유 한도가 1992년 1월 10%에서 시작해 1996년 10월 20%까지 늘어났다. 6년간 겨우 10% 증가한 것이다.

그러나 외환위기를 겪은 1997년부터는 외국인투자 한도를 매월 늘렸다. 1998년 5월에는 드디어 우리 주식시장이 외국인에게 100% 전면 개방되었다. 당시 부족한 외환을 외국인투자를 통해 충당하려는 정부의 의지가 얼마나 절박했는지 엿볼 수 있는 대목이다. 외국인투자 한도를 급히 늘려 외환을 유입한 것이 주가 부양에 효과가 있었을까?

어찌 됐건 외환위기 당시 외국인 투자자들은 국내 주식을 매도하기는커녕 오히려 더 많이 매수한 것을 알 수 있다. 이처럼 외국인 투자자를 통해 외환이 빠져나간 것이 아니라면, 왜 주가는 급락하

(도표 3-11) 유가증권시장의 외국인투자 한도(단위: %)

시행연월	일반법인		공공법인	
	1인 한도	전체 한도	1인 한도	전체 한도
1992. 1	3	10	1	8
1994. 12	3	12	1	8
1995. 7	3	15	1	10
1996. 4	4	18	1	12
1996. 10	5	20	1	15
1997. 5	6	23	1	18
1997. 11	7	26	1	21
1997. 12	50	55	1	25
1998. 4	50	55	1	25
1998. 5	100	100	3	30
2000. 11	100	100	3	40

출처: 금융감독원

고 환율은 급등했을까?

그 원인은 국내 투자자들에게 있는 것으로 보인다. 국내 기업과 금융기관이 줄줄이 도산하는 것을 보고 놀란 국내 투자자들이 주식을 급격히 매도한 결과 주가가 급락하고 환율이 급등한 것이다.

이 절을 시작하며 제기했던 문제로 돌아가 보자. 환율이 하락하면 주가가 상승하고, 환율이 상승하면 주가가 하락한다는 일부 전문가들의 말이 맞았던 것일까? 외환위기 당시 환율이 급등하면서 주가가 폭락한 것일까? 아니면 주가가 폭락해서 환율이 상승한 것일까?

당시 환율이 급등한 것은 일본 금융기관이 한국 금융기관에 단기

외채 상환을 요구하면서 많은 외환이 빠져나갔기 때문이었다. 결론적으로 외환위기 당시 주가 폭락과 환율 급등은 서로 상관관계가 없는 개별적인 현상이었다. 까마귀 날자 배 떨어진 격으로 내·외부적 요인으로 두 현상이 어쩌다 동시에 발생한 것이다.

바닥난 외환, 빚쟁이가 된 국민

1997년 12월 결국 국내 외화보유액이 바닥을 드러냈다. 외국 금융기관에 상환할 대출금이 부족해지자 정부는 IMF로부터 외환을 지원받게 되었다. 이른바 외환위기의 시작이었다.

외환위기는 금융시장에 엄청난 파문을 가져왔다. 환율과 금리가 폭등하고 주가는 폭락했다. 수많은 기업이 도산하고 부실채권이 과다 발생하면서, 하루가 멀다 하고 은행과 종금사가 통폐합되었다거나 도산했다는 기사가 떴다. 언제부턴가 기업의 파산은 놀라운 일도 아니었다.

그 여파로 실업률은 단군 이래 최고를 기록했다. 자그마치 실업자가 100만 명이나 되었다. 하지만 그것이 끝이 아니었다. 공적자금으로 100조원이 넘는 세금이 투입되고 금리가 연 30%라는 살인적인 수치에 육박하면서 나랏빚은 국민에게 고스란히 넘어갔다.

다 지난 일을 이제 와서 돌이킬 수는 없다. 다만, 이런 역사를 통해 잊지 말아야 할 교훈이 있다.

지금까지 살펴보았지만, 외환위기는 어느 날 갑자기 날벼락처럼 찾아온 사건이 아니다. 그 모든 것의 시작은 경제 활성화를 위한 정부의 잘못된 해법이었다고 해도 과언이 아니다. 말하자면 첫 단추부터 잘못 끼운 것이다. 그 후 대기업들의 무리한 투자가 과도한 외화대출로 이어졌다. 여기에 돈놀이에 급급했던 금융기관의 안일한 태도와 도덕적 해이 또한 빼놓아서는 안 된다.

외부 상황은 이런 국내 상황을 더욱 악화시켰다. 국제결제은행의 규제 강화로 일본 금융기관들의 대출 상환 압박이 갈수록 심해졌고 이에 따라 국내 기업이 보유했던 외환이 급격히 빠져나갔다. 동남아시아에서 시작된 외환위기는 우리나라의 외환위기를 더욱 가속화시키는 액셀레이터 같은 것이었다.

주가지수의 제2사이클을 되돌아보면서, 금리와 환율의 변동이 주가에 미치는 영향이 심대하다는 사실을 알 수 있다.

04
1998~2009, 영향력이 막강해진 외국인투자자
금리와 주가

금리는 주가와 역주행한다?

1997년 외환위기 이후 심리가 불안정한 국내 투자자들이 주식을 대거 매도하면서 국내 주가는 바닥을 쳤다. 그 후 주가는 어떤 움직임을 보였을까?

코스피는 1998년 6월 최저점인 280포인트에서 급반전하면서 상승하다가 2000년과 2002년에 일시적인 조정을 받는다. IT버블 붕괴와 카드대란이 그 원인이었다. 그 후 다시 치솟은 코스피는 2007년 10월 드디어 꿈에 그리던 2,064포인트를 돌파했다. 최저점에서 약 7.4배 폭등한 것이다. 만약 최저점에서 1,000만원의 주식을 매수한 개인투자자라면 원금이 약 7,400만원으로 불어났을 상황이다.

그러나 이런 상승세는 오래지 않아 꺾였다. 2009년 1월에는 코

(도표 3-12) 코스피와 한국은행의 기준금리

코스피(1998~2010)

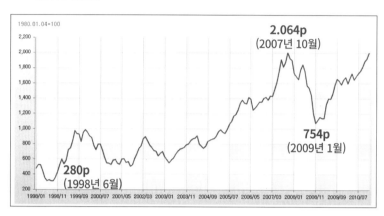

기준금리(1998~2010)

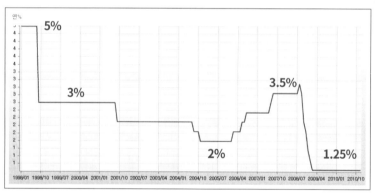

출처: 한국은행 경제통계시스템

스피지수가 754포인트까지 폭락하며 주가가 재차 반 토막이 났다. 2007년부터 미국에서 시작된 글로벌 금융위기가 직접적인 원인이 었다. 만약 최고점에서 주식을 매도하지 않고 계속 보유했다면, 투자원금이 7,400만원 대비 절반 이하인 2,700만원까지 줄어들었을 상황이다.

이른바 코스피의 제3사이클 동안 이런 주가 흐름은 기준금리와 밀접한 관계를 보였다. (도표 3-12)는 외환위기 이후 금리와 주가의 상관성을 보여준다.

(도표 3-12) 하단 그래프는 한국은행의 기준금리 추이를 나타낸다. 1998년 5%에서 하향 추세를 보이다가 2005년에는 2%까지 인하되었다. 이어서 2006년부터 재차 상승 추세로 돌아섰는데 글로벌 금융위기 직전인 2008년 8월 최고 수준인 3.5%까지 인상되었다. 그 후 겨우 6개월만인 2009년 2월 최저 수준인 1.25%까지 급격히 낮아진다.

많은 전문가가 주가와 금리는 반대로 움직인다고 주장한다. 금리가 상승하면 주가는 하락하고, 금리가 하락하면 주가는 상승한다는 것이다. 그러나 반드시 그런 것은 아니다. 2006년 이후 금리인상과 더불어 코스피도 상승하고, 2008년 이후 금리인하와 함께 코스피도 하락하는 양상을 엿볼 수 있다.

앞 절에서와 마찬가지로, 주가와 금리의 상관성에 대한 전문가들의 판단에는 의문을 제기할 필요가 있다. 과연 금리와 주가는 역방향의 움직임을 보이는 것일까? 금리가 인상돼서 주가가 하락하는 것일까, 아니면 주가가 하락해서 금리가 인상되는 것일까?

이번 절에서는 2007년 글로벌 금융위기를 중심으로 코스피의 제3사이클에 대해 살펴보면서 그 문제를 풀어보도록 하자. 또 금리 변동이 주가지수에 미치는 영향에 대해서도 살펴보자.

기준금리는 왜 바뀌는 것일까?

금리와 주가의 상관성을 살펴보기에 앞서, 기준금리에 대해 약간의 상식이 필요하다. 한국은행은 때에 따라 기준금리를 인하하기도 하고 인상하기도 했다. 그것은 어떤 의미일까?

이와 관련해 우선 기준금리에 대해 좀 더 자세히 알 필요가 있다. 기준금리란 각 나라의 중앙은행이 시중은행에 자금을 빌려줄 때 적용하는 금리를 말한다. 가령, 한국은행이 기준금리를 1%로 정했다면 시중은행은 한국은행으로부터 1% 금리로 자금을 빌릴 수 있다. 이 1%를 조달금리라 한다.

시중은행은 한국은행으로부터 빌린 1% 조달 금리에 마진을 더해 4%의 금리로 고객에게 대출해준다고 가정해보자. 이때 4%는 대출 금리고, 대출 금리와 조달금리의 차이인 3%를 예대마진율이라고 한다. 이 경우, 4% 대출 금리를 적용받는 대상은 초우량고객뿐이다. 신용도가 낮은 고객의 대출 금리는 더욱 올라간다. 여기서 기준금리가 3%로 올라간다면, 예대마진율을 3%로 가정했을 때 초우량고객의 대출 금리는 6%로 인상된다. 신용도가 낮은 고객의 대출 금리는 더욱 오를 것이다.

결국, 기준금리가 오르면 시중금리는 그 이상으로 급격히 인상되면서 자금 수요가 줄고, 혹은 대출금 상환액이 늘어난다. 따라서 중앙은행의 기준금리 인상은 시중의 유동자금을 흡수하겠다는 의지의 표현이다. 반대로 기준금리의 인하는 시중에 유동자금을 풀겠다는 의지를 반영한다. 경기 침체의 조짐이 보이면 중앙은행은 기준금리를 인하해 시중에 자금을 푼다.

요컨대, 부동산투자나 주식투자 등으로 경기가 과열된 양상을 보이면 금리 인상을 단행해 시중 자금을 회수하고, 경기가 침체되면 금리 인하를 통해 시중에 자금을 푼다. 달리 말하면, 금리가 인상되었다면 호황이고 금리가 인하되었다면 불황으로 볼 수 있다.

전 세계를 덮친 IT버블 붕괴와 금리인하

미국의 나스닥시장에는 IT 벤처기업들이 주로 상장된다. 1996년 1월 나스닥지수가 1,000포인트에서 고공 질주하기 시작하더니 2000년 3월에는 5배나 상승한 최고점인 5,000포인트를 찍었다. 이른바 IT버블이었다.

이렇게 형성된 IT버블은 2000년 중반부터 꺼지기 시작해 2002년 9월에는 완전히 주저앉아 1,100포인트까지 폭락했다. 최고점 대비 80% 가까이 내려앉은 것이다. 이런 주가 폭락 사태로, 미국 GDP의 30% 수준인 5조 달러의 자산가치가 물거품이 되어 사라져버렸다. 설상가상으로 2001년 9·11 테러 사건까지 터지면서 미국 경기는 하락 국면에 접어들었다.

미국 연방준비은행(이하 FRB)은 경기 침체를 전망하고, 기준금리

(도표 3-13) 미국 기준금리 추이

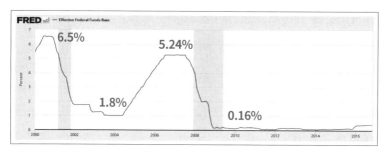

출처: 미국 세인트루이스 연방준비은행(2000~2016)

를 대폭 낮추면서 시중에 자금을 풀기 시작했다. 당시 연 6.5%이던 기준금리가 2001년 1월부터 떨어져 그해 말에는 무려 1.8% 수준까지 하락했다. 1년간 약 4.7%나 하락한 것이다. 당시 물가상승률 2%를 감안하면 미국의 실질금리는 거의 마이너스(-) 수준이었다.

(도표 3-13)은 IT버블 붕괴로 주가가 폭락하기 전후 미국의 기준금리 추이를 나타내고 있다. 2004년 6월부터 매월 기준금리가 인상돼 2006년 6월에는 5.24%까지 상승한다. 2년간 금리가 약 4.24% 상승한 것이다. 기준금리를 이렇게 올렸다는 것은 경기가 과열돼 시중의 자금을 회수할 필요가 있었다는 말이다.

그러나 미국의 기준금리는 2008년 12월 다시 0.16%까지 인하된다. 2007년에 접어들어 주택가격 및 파생상품의 가치가 폭락하면서 금융위기가 발생한 것이 금리 인하의 원인이었다. 이어서 금리는 지속해서 0.2%대에 머물다가 2016년 1월 소폭 조정되있다.

미국에서 시작된 IT버블 붕괴는 전 세계 주식시장으로 번져나갔다. 미국의 금리인하 또한 전 세계 금융시장에 영향을 미쳐, 전 세계 중앙은행들이 경쟁적으로 기준금리를 낮췄다.

여기서 이 절의 서두에서 제기했던 문제로 돌아가 보자. 금리가 하락하면 주가가 상승하고 금리가 상승하면 주가가 하락한다는 말이 옳은가? 이 경우는 그렇지 않다. 또 IT버블 붕괴로 시작된 금리 인하가 주가 하락의 원인이라고 볼 수도 없다.

이 경우, IT버블 붕괴로 주가가 하락하자 경기가 침체될 것을 우려한 중앙은행이 금리를 인하했다는 것이 정확한 사실이다. 요컨대 주가가 하락하자 중앙은행이 금리를 인하한 것이다.

금리를 통한 경기 조절 실패

2001년 1월부터 미국의 FRB가 금리 인하를 단행하면서 시중에 풀린 많은 자금이 가계로 흘러 들어갔다. 이에 따라 가계의 주택 수요가 늘면서 주택가격이 상승하는 현상으로 이어졌다. 시중의 풍부한 자금이 '서브프라임 모기지' 대출로 신용등급이 낮은 가계에 흘러 들어간 것이다. 수요가 늘자 공급도 늘었다. 건설업이 호황을 맞이하고 경기가 회복되는 듯했다.

그러자 미국의 FRB는 경기가 지나치게 과열되었다고 판단하고 시중 자금을 회수하기 위해 금리 인상을 단행했다. 2004년 6월 약 1% 수준이던 기준금리를 매월 인상해 2006년 6월에는 5.24%까지 올렸다. 2년 동안 기준금리를 무려 4.24%나 인상한 것이다.

서브프라임모기지 대출을 받았던 가계들은 금리 인상으로 대출 상환 압박에 시달렸다. 주택가격이 하락하면서 원리금 상환이 연체되었고 실업률이 늘면서 소득이 줄었다. 미국은 다시 극심한 경기 침체에 빠진다.

주택가격 하락은 파생금융상품의 가치에도 막대한 영향을 미쳤다. 수많은 금융기관이 도산 위기에 처했다. 당시 투자은행 1위인 골드만삭스와 2위인 모건스탠리는 정부의 지분투자에 따라 지주회사로 전환되었고, 3위인 메릴린치는 BOA에 매각되었다. 투자은행 4위인 리먼브라더스와 5위인 베어스턴스는 생존에 실패했다.

이처럼 경기가 급격히 냉각되자 미국의 FRB는 다시 기준금리를 대폭 인하하면서 시중에 거액의 자금을 풀기 시작한다. 2007년 6월 5.26%이던 기준금리를 2008년 12월에는 0.1%까지 큰 폭으로 떨어뜨렸다. 겨우 1년 6개월 동안 기준금리를 5%나 떨어뜨린 것이다. 심지어 '양적 완화(quantitative casting)'라는 이름으로 2013년까지 무려 3.3조 달러의 유동성을 금융기관에 지원하기도 했다.

외국인투자자는 어떻게 반응했나?

미국의 FRB가 기준금리를 올렸다 내렸다 하면서 경기를 조절하려고 노력했지만, 금융시장에 혼란만 부추겼을 뿐 원하는 결과는 얻지 못했다. 게다가 금융기관에 제공된 거액의 자금 중 일부는 국제 원자재시장으로 흘러 들어가 원유를 포함해 원자재 시세를 상승시켰다. 심지어 유가까지 폭등해 2008년 7월 유가는 배럴당 145달러에 이르렀다. 나머지 일부 자금은 우리나라와 중국 등 신흥개발국으로 흘러 들어가 주가를 폭등시켰다.

이 같은 미국의 금리변동에 국내의 외국인 투자자들은 어떻게 반응했을까? 미국의 기준금리가 1%로 낮은 수준이라면 외국인투자자는 보통 은행 대출을 받아 한국을 포함한 신흥국가의 주식을 매수한다. 이를 일명 '달러 캐리 트레이드(dollar carry trade)'라고 한다. 그러다가 기준금리가 지속적으로 인상되면 외국인 투자자는 신흥국가의 주식을 서서히 매도하면서 자금을 회수해 기존의 대출금을 상환한다. 만일 기준금리가 6%까지 올라간다면 대출금리에 부담을 느낀 외국인 투자자들은 서둘러 주식을 매도할 것이다.

(도표 3-14)는 미국의 금리 변동에 따른 외국인 투자자들의 매수 매도 동향을 보여준다.

(도표 3-14) 하단 그래프는 미국의 기준금리를 나타낸다. 2004년 6월 약 1% 수준이던 기준금리가 매월 인상돼 2006년 6월 5.24%까지 오른 것을 볼 수 있다. 같은 기간 국내 주식시장에서 외국인 투자자의 추이를 나타낸 상단 그래프를 살펴보면, 외국인 투자자는 매월 2조원의 주식을 순매도하는 것을 알 수 있다.

2007년 6월 5.24%이던 미국의 기준금리가 대폭 떨어지다가 2008년 12월 0.16%까지 낮아진 기간을 살펴보자. 당시는 주택가격과 파생상품 가치가 폭락해 금융위기가 발생한 때였다. 이때 국내 주식시장의 외국인 투자자는 국내 주식을 더욱 강도 높게 매도

(도표 3-14) 미국의 기준금리와 외국인순매수

외국인순매수(2004~2010)

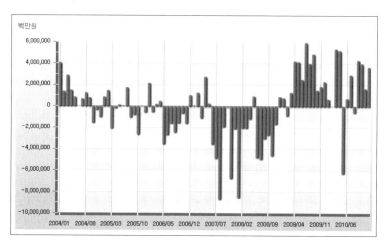

출처: 한국은행 경제통계시스템

미국 기준금리(2004~2010)

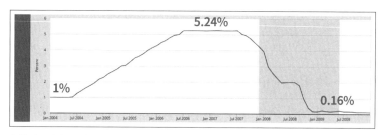

출처: 미국 세인트루이스 연준

해 매월 4~8조원가량 순매도했다. 끝으로, 2008년 12월 미국의 기준금리가 가장 낮은 수준인 0.2%까지 하락한 때에는 외국인 투자자는 매월 4조 원대의 순매수를 기록한다.

앞서도 보았지만, 외국인 투자자들은 1997년 외환위기 직전에는 국내 주식시장 시가총액의 20% 수준까지 주식을 보유하다가 그 후 지속적으로 매수해 2004년에는 시가총액의 50%에 달하는 국내 주식을 보유했다. 그러나 2004년 6월부터 미국의 기준금리가 인상한 이후에는 매도세로 돌아섰다. 2010년 말까지 외국인 투자자의 주식 보유 비중은 30% 수준까지 낮아졌다.

여기서 잠깐 환율 문제로 돌아가 보자. 외국인 투자자들이 국내 주식을 매도해 투자자금을 회수했으니 달러 수요가 늘어났을 것이다. 그렇다면 원/달러 환율은 인상되었을까? 이론적으로는 그래야 하지만 사실은 달랐다. 외국인 투자자들의 매도로 유출된 자금보다 무역흑자 및 차입으로 유입된 자금이 더 많았기 때문이다.

2000년부터 2007년까지 전 세계 경기가 호황을 보이면서 우리나라도 무역흑자를 기록했다. 국내은행의 신용도도 덩달아 높아지면서 해외 차입이 늘어났다. 이에 국내에 유입된 외환은 해외로 유출된 자금을 충분히 커버하고도 남아돌았고 원/달러 환율은 900원대까지 하락했다.

기관투자가들의 동향

앞서 미국의 금리 변동에 따른 외국인 투자자의 동향을 살펴보았다. 흥미로운 점은 국내 기관투자가들은 외국인 투자자와 반대 패턴을 보였다는 사실이다. 미국의 기준금리가 인상되자 외국인 투자자는 주식을 매도했지만, 국내 기관투자가들은 매수했다. 반대로 미국의 기준금리가 인하돼 외국인 투자자가 주식을 매수하는 동안 국내 기관투자가들은 매도했다. 그 이유는 다음 두 가지 현상이 상호작용한 것으로 보인다.

첫째, 국내 기관투자가들은 주식보다 채권을 더 많이 보유하고 있다. 예를 들어, 우리나라 국민연금은 752조원의 기금적립금을 채권에 48%, 주식에 40%, 기타 투자 12%로 운용하고 있다(2020년 6월말 기준). 이에 반해 자산운용사의 펀드 운용액을 살펴보면 채권 투자 75%, 주식 투자 25%에 불과하다(2020년 8월말 기준).

원칙적으로 금리와 채권가격은 반대 방향으로 움직인다. 즉 금리가 인상되면 채권가격은 하락하고, 금리가 인하되면 채권가격은 상승한다. 따라서 한국은행이 기준금리를 인상하면 채권가격이 하락함으로써 손실이 발생한다. 결국, 기관투자가는 기준금리가 인상될 것으로 전망되면 미리 채권을 매도해 손실을 막을 수밖에 없다.

둘째, 중앙은행은 경기가 호황을 보이면서 시중 자금이 흘러넘쳐 물가가 상승해야 기준금리를 인상한다. 말하자면 온 국민이 샴페인을 터뜨린 다음에야 설거지 차원에서 기준금리 인상이라는 찬물을 쏟는다. 따라서 중앙은행이 기준금리를 인상하기 시작하는 시점이야말로 호황의 마지막 단계라고 이해하면 된다. 그 시점에서 상장회사는 최고의 경영실적을 기록한다. 왜냐하면, 상장회사의 경영실적은 항상 1년이 지나야만 집계되어 발표되기 때문이다.

결국, 기관투자가는 기준금리가 최고 수준에 이를 때까지 채권을 매도하고 주식을 매수하는 방식으로 보유자금을 운용한다.

2007년 글로벌 금융위기를 겪을 때 외국인 투자자들이 거액의 투자자금을 회수할 수 있었던 것은 그들이 매도한 국내 주식을 국내 기관투자가들이 모두 받아주었기 때문으로 보인다.

05

2009~현재. 장기화되는 저성장의 늪
경제성장과 주가

박스권에 갇힌 증시

2011년 5월 국내 증시는 고점인 2,228포인트에 도달한다. 그 후 2017년 2월까지 최저 1,800포인트에서 최고 2,100포인트의 박스권에 갇혀 지루하게 횡보하는 모양새를 보였다. 그러다가 힘차게 상승세를 보이면서 2018년 1월 국내 증시 역사상 최고점인 2,588포인트를 찍은 후 하락세로 반전한다. 이것이 코스피 제4사이클의 큰 줄기다. 코스피가 박스권에 갇혀 움직임이 없는 이유로, 낮은 경제성장률과 기업의 주춤한 경영실적을 꼽을 수 있다.

우리나라 경제성장률은 시기별로 호황과 불황을 거듭하면서 약간의 높낮이는 있지만, 연 10% 수준의 고성장을 보인 바 있다. 하지만 2010년 이후부터는 연 3% 이하를 맴돌고 있다. 저성장이 장기

(도표 3-15) 코스피 제4사이클의 주가 추이

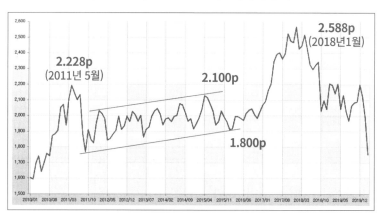

출처: 한국은행 경제통계시스템(2010~2019)

화하는 패턴에 들어선 것이다. (도표 3-16)에 정리한 1980년 이후 각각의 정부별 경제성장률을 보면 그 점이 좀 더 분명해진다.

그러면 우리 경제성장률이 갈수록 낮아지는 이유는 무엇일까?

소비지출, 투자지출, 순수출의 하락

경제성장률이 갈수록 낮아지는 이유는 크게 공급과 수요 측면에서 생각해볼 수 있다. 먼저 공급 측면에서 경제성장률이 낮아진다는 것은 물건을 만들지 못해 성장이 둔화되는 현상이다. 주문이 쇄도하는 데도 생산설비나 인력이 부족해 물건을 만들지 못하는 상황이다. 만약 상황이 이렇다면 실업률은 거의 제로(0)에 가까운 완전고용 수준을 보여야만 한다.

(도표 3-16) 국내 경제성장률 추이

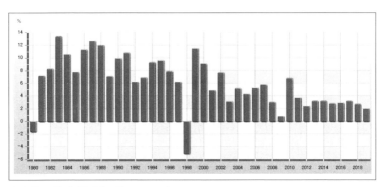

출처: 한국은행 경제통계시스템(1980~2019)

정부별 평균 경제성장률

정부	기간	평균 성장률
전두환	1980~1987	8.6%
노태우	1988~1992	9.1%
김영삼	1993~1997	7.8%
김대중	1998~2002	5.6%
노무현	2003~2007	4.5%
이명박	2008~2012	3.2%
박근혜	2013~2017	3.0%
문재인	2018~2019	2.0%

반면에, 수요 측면에서 경제성장률이 낮아진다는 것은 생산설비나 인력은 충분한데 주문이 없어서 성장이 둔화되는 현상이다.

지금 우리 경제는 후자에 해당한다. 생산능력은 높은데 수요가 없어서 성장이 둔화되고 경제성장률이 낮아지는 것이다.

(도표 3-17)은 지출 항목별 성장률 추이를 나타내고 있다. 우리

(도표 3-17) 지출항목의 성장률 추이

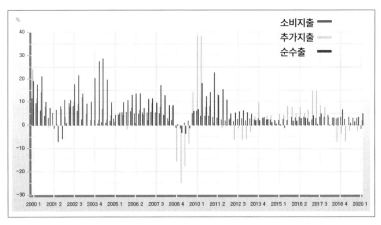

출처: 한국은행 경제통계시스템, 재구성

경제는 지출에 속한 소비, 투자, 순수출 등 모든 항목의 성장률이 2003년 이후 지속적으로 낮아지면서 침체되고 있다.

첫째로, 소비지출은 2002년까지 매년 8% 내외로 꾸준히 높은 성장률을 기록했다. 소비지출이란 국민이 재화나 서비스를 구매할 때 지급한 돈을 말한다. 이런 소비지출은 2003년에 접어들어 증가율이 극도로 낮아지면서 매년 2% 수준에서 벗어나지 못하고 있다.

둘째로, 투자지출 역시 2002년까지 매년 10% 내외로 높은 성장률을 기록했지만, 2003년 이후부터 3% 내외로 현저히 낮아졌다. 투자지출이란 기업이나 정부가 설비투자를 위해 사용한 금액으로 총 고정자본형성이라고도 한다. 투자지출이 줄어든 것은 소비지출이 주춤하면서 기업이 설비투자를 꺼렸다는 이야기다.

끝으로, 순수출은 2011년까지 매년 10~20%의 높은 성장세를 보이면서 그나마 경제성장을 끌어올리는 견인차 구실을 했다. 순수출이란 국산품을 해외에 수출하는 금액에서, 해외제품을 수입하는 금액을 뺀 금액을 말한다. 이런 순수출이 2012년 이후부터 2~4% 수준으로 급락했다. 바로 이것이 우리 경제가 저성장 상태에 돌입했음을 보여주는 단면이다.

가계와 기업의 부실한 뿌리

그러면 왜 경제가 저성장에 접어드는 현상이 발생했을까?

첫째, 소득 정체 또는 소득 감소로 인한 소비 하락을 생각해볼 수 있다. 국내 경기가 침체되면서 소득과 일자리가 줄고 실업률은 늘고 있다. 반면에 주택가격과 전세보증금이 상승하면서 가계부채가 GDP 대비 95.5% 수준인 1,800조원으로 늘어났다. 소득의 많은 부분이 가계부채를 갚는 데 사용되면서 소비는 더욱 감소하는 추세다.

둘째로, 높은 수출의존도를 생각해볼 수 있다. GDP의 48%를 수출이 담당하고 나머지 52%를 내수가 책임진다. 다시 말해, 우리나라 기업이 보유한 생산설비의 절반은 수출품을 생산하는 데 가동된다. 따라서 수출이 줄면 설비가동률은 크게 하락할 수밖에 없다. 결국, 우리 기업들이 보유한 생산설비가 과잉상태라는 뜻이다.

더는 국내 설비투자 가능성이 희박하다는 점도 경기 침체의 주된 원인으로 꼽을 수 있다. 국내 대기업들은 해외시장을 겨냥해 선진국에 공장을 짓거나, 동남아나 중남미 등지로 생산설비를 이전하면서 저임금을 노린다. 대기업이 해외에 공장을 건설하면 부품을 납품하는 중소기업 역시 해외로 동반 진출할 수밖에 없다. 저성장, 고실업의 현 상태가 개선될 여지가 거의 없다는 이야기다.

중국과의 무역수지가 점점 악화되는 현상도 경기 침체를 부추기고 있다. 우리나라의 중국 수출 비중은 홍콩 경유를 포함해 약 30%에 해당한다. 그 뒤를 동남아시아가 16%, 미국이 13%를 잇는다. 과거 중국의 산업화 초기에는 철강과 화학 등 한국산 중간제품 수출이 높은 비중을 차지했다. 그러나 최근에는 중국 정부의 지원과 중국 기업들의 설비투자가 늘면서 한국산 중간제품 수요가 감소하는 추세다. 오히려 중국산 철강, 석유제품 등이 우리나라에 덤핑으로 수입됨으로써 우리의 무역수지를 악화시키고 있다.

이와 같이 장기화하는 저성장 늪이야말로 주가지수의 장기 추세를 하락시키는 주된 요인이라 할 수 있다.

06

코스닥지수에 영향을 미치는 요인들
제품의 수명주기를 이용한 테마주 투자

장외시장에서 출발한 코스닥시장

코스피시장과 함께 국내 주식시장의 양대 산맥을 형성하는 것으로 코스닥시장이 있다. 코스닥시장의 전신은 코스피 장외시장(OTC, Over The Counter market)으로, 코스피시장의 까다로운 상장요건을 맞추기 어려운 중소기업을 위해 1987년 4월 증권업협회가 만들었다. 그로부터 10년 후인 1996년 7월 1일 정식으로 코스닥시장이 열린 것이다.

원래 코스피 장외시장은 한국거래소처럼 일괄 매매가 이루어지는 시장이 아니었다. 전국에 소재한 수많은 증권회사 지점에 있는 담당자끼리 서로 전화로 매수주문과 매도주문을 받아 거래하는 방식이어서 매매가 원활하지 않았다.

그런 문제를 해결하기 위해 정부가 나서서 미국의 나스닥시장을 벤치마킹해 코스닥시장을 개설했다. 원래 코스닥시장은 대기업보다는 중소기업 위주로 상장되어 있어, 안정성보다는 성장성이 돋보이는 이유다. 그러다 보니 코스닥시장의 주가 역시 변동성이 클 수밖에 없다.

굴곡 많은 코스닥의 역사

코스닥시장은 1996년 7월 1일 개장하자마자 몇 차례 크나큰 진통을 겪었다. 가장 큰 위기는 다음 해에 있었던 외환위기였다.

코스피는 1994년 11월 최고점(1,138포인트)을 기록한 이후 외환위기 당시인 1998년 6월 280포인트까지 75% 가까이 폭락했다. 코스피가 그 정도였는데 새로운 시장인 코스닥에 누가 투자하겠는가? 말 그대로 코스닥시장은 개점 휴업상태였다.

1998년 6월 최저점을 기록했던 코스피는 그 후 수직으로 상승해 2001년 1월 1,059포인트를 돌파했다. 무려 378% 상승한 것이다. 하지만 그 수익은 대부분 기관투자가와 외국인 투자자들에게 돌아갔고, 개인투자자는 과다한 매매로 오히려 손실만 기록했다.

코스피에서 패한 개인투자자들은 부활을 노리면서 새로운 시장인 코스닥시장으로 몰려갔다. 특히 밀레니엄을 맞이하면서 IT붐이 형성된 데다 김대중 정부가 추진한 벤처기업 육성이 맞물려 코스닥지수는 고공 행진했다. 2000년 3월 10일 코스닥지수는 283포인트까지 상승했다. 1998년 6월 최저 40포인트 기준으로 볼 때 7배 상승한 것이다.

그러나 이런 흐름 역시 오래 가지 않았다. 2000년에 접어들어 미국의 나스닥시장이 붕괴하면서 코스닥지수 역시 큰 영향을 받아 2001년 9월 최고점 대비 15% 수준인 46포인트까지 폭락했다. 그때까지 코스닥주식을 계속 보유했다면 투자원금은커녕 빚더미에 앉았을 것이다.

그 후 코스닥지수는 반등 조짐을 보이면서 개인투자자들을 코스닥시장으로 유혹했다. 그 결과 2002년 3월, 94포인트까지 상승하지만 이 역시 오래 가지 못했다. 신용카드 남발에 따라 수많은 신용불량자가 발생하고 카드사들이 도산하거나 통폐합되면서 2004년 8월 코스닥지수는 다시 33포인트까지 하락했다. 그리하여 코스닥은 다시 한번 애증의 시장으로 전락했다.

코스닥지수를 10배로 부풀리다

사실 코스닥지수는 기준시점(1996년 7월 1일)의 시가총액을 100포인트 정해 출발했다. 그러나 2004년 1월에 1,000포인트로 수정되어, 그 이후의 모든 코스닥지수가 10배 상향 조정되었다. 이와 같이 코스닥지수가 10배 상향 조정된 사연을 살펴보면 다음과 같다.

과거 2000년대 초반 전 세계적으로 IT버블이 붕괴하면서 수많은 코스닥 상장회사가 문을 닫았고, 코스닥지수도 30포인트까지 크게 하락했다. 국내외 주가지수가 대부분 1,000포인트 수준에서 움직이는 데 반해, 코스닥지수가 30포인트 수준에서 맴돌면 다른 주식시장의 주가지수와 비교하기가 어려워진다. 더군다나 코스닥지수가 낮은 수준으로 나타나면 소수점 네 자릿수까지 표시하는 불편함도 생길 수 있다. 따라서 한국거래소는 기준시점의 코스닥지수를 10배 올리는 강력한 결단을 내린 것이다.

(도표 3-18)은 한국거래소가 코스닥지수를 10배로 상향 조정한 이후의 그 추세를 살펴본 것이다.

2004년 8월 최저점인 332포인트였던 코스닥지수는 힘차게 뻗어나가 2007년 10월 811포인트까지 상승한다. 3년 만에 250%의 투자수익률을 기록한 것이다. 이미 코스피의 3번째 사이클에서 설명했듯이, 미국의 연준과 한국은행이 기준금리를 대폭 인하하면서 시중에 풀린 유동자금이 주식시장으로 흘러들었기 때문이었다.

전 세계적인 중앙은행의 기준금리 인하가 주가를 폭등시켰듯이, 반대로 기준금리 인상은 주가를 폭락시키는 요인으로 작용하면서 2008년 10월 코스닥지수는 60% 하락한 307포인트에 도달한다.

그 이후 코스피와 유사하게 2014년 말까지 6년 동안 코스닥지수는 최저 450포인트, 최고 560포인트의 박스권에서 횡보한다.

2015년에 접어들면서 코스닥지수는 박스권에서 벗어나 상승세를 보이기 시작한다. 처음의 상승세는 중국에서의 한류 열풍에 힘입어 화장품과 엔터테인먼트 종목의 주가가 급상승하면서 2015년 6월 742포인트까지 올라갔고, 그다음의 상승세는 바이오 열풍에

(도표 3-18) 코스닥지수의 추이

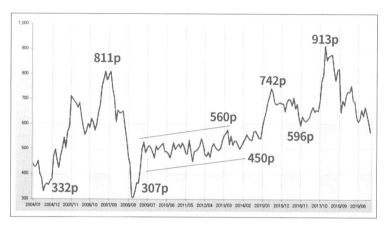

사이클	시점	기간	코스닥지수(포인트)	투자수익률
제1사이클	2004년 7월	-	332	-
	2007년 7월	36개월	811	+144%
	2008년 11월	12개월	307	-62%
제2사이클	2015년 6월	78개월	742	+142%
	2016년 11월	18개월	596	-20%
제3사이클	2018년 1월	15개월	913	+53%
	2020년 3월	26개월	569	-38%

휩싸이면서 2018년 1월 코스닥시장의 역사상 최고점인 913포인트를 찍었다.

그 후 테마주 열풍이 단지 허상에 불과하다는 사실과, 우리나라 경제가 장기 저성장의 늪에 빠지기 시작했다는 사실이 서로 맞물리면서 하락 반전하는 모양새를 보인다.

코스닥 종목의 수명주기

만약 코스닥지수에 투자하고자 한다면, 그 시장의 기본 특성 정도는 이해하는 것이 좋다. 코스닥 상장회사는 코스피 상장회사들과 성격이 크게 다르기 때문이다. 마케팅 분야에서 말하는 제품수명주기를 통해 코스닥 종목을 이해해보도록 하자.

제품수명주기란 사람의 일생처럼 제품이나 사업에 내재한 수명주기를 말한다. 시장에 처음 등장한 신제품은 소비자의 기호, 기술의 발전, 기업의 대응 등 여러 가지 요인에 따라 매출이 늘어나다가 최종적으로 소멸되는 운명을 맞이한다.

그런 제품수명주기는 도입기, 성장기, 성숙기, 쇠퇴기 등 4단계로 요약할 수 있으며, 다음과 같이 S자를 나타낸다.

(도표 3-19) 제품수명주기

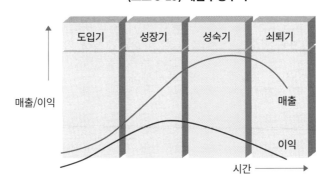

(1) 도입기

도입기는 과거에는 없던 신제품이 시장에 출시되는 단계다. 운전자 없이도 스스로 움직이는 자율주행 자동차가 최초로 출시되는 상황을 예로 생각해보자.

자율주행 자동차를 출시하기 위해 기업은 장기간에 걸쳐 거액의 연구개발비를 투자했을 것이다. 그러나 아직 생산이나 부품 등의 표준화가 미흡하므로 대량 생산을 할 수 없다. 신제품 가격이 비교적 높을 수밖에 없다.

또 기업이 아무리 자율주행 자동차에 대해 다양한 테스트를 거쳤다 해도 소비자가 사용하다 보면 곳곳에서 하자가 발생하기 마련이다. 게다가 신제품을 널리 알리려면 홍보 및 광고비를 투자해야 한다. 제품 도입기에 있는 기업은 거액의 연구비나 광고비를 쓰면서 '브랜드'라는 무형자산을 얻는다. 그러나 신제품이 시장에서 반응을 얻지 못하고 소멸하면 브랜드 가치는 사라진다.

코스닥시장에 상장된 벤처기업들은 대체로 도입기에 속한다. 이른바 '기술성장기업'은 단지 기술만 있지 판매실적이 거의 없는 기업이므로 투자자들은 특히 이 점을 유의하라.

(2) 성장기

코스닥시장에 상장된 우량기업들은 그다음 단계인 성장기에 속한다. 초기 소비자들이 제품의 편리성을 인정함으로써 판매가 급속도로 늘어나는 단계다. 이를테면, 자율주행 자동차가 불티나게 팔리는 것이다.

이 경우는 기업이 초기 소비자들의 불편을 받아들여 신제품을 부단히 개선해 하자가 줄어든 표준제품을 출시한 상황이다. 부품이 표준화되고 근로자들의 숙련도가 높아지면서 생산원가와 판매가격이 하락한다.

그러나 급증하는 주문에 맞춰 설비투자와 고용이 급격히 늘어나고 기업의 규모 또한 커지면서 여러 사업 부문 간 갈등이 발생하기도 한다. 성과와 배분 등을 놓고 다툼이 많아지는 이런 현상을 '부분 적정화' 현상이라고 한다.

매출액과 더불어 이익이 증가하지만, 이익의 대부분은 재고자산과 매출채권으로 쌓이는 경우가 많다. 이때 부족한 운전자금은 금융기관으로부터 저금리로 조달하거나 주식시장 투자자들에게 의존한다. 이때 운전자금 조달에 실패한 기업은 도산하기도 하는데, 이를 일명 '흑자도산'이라고 한다.

(3) 성숙기

다음으로 코스닥시장에 상장된 중견기업들은 주로 성숙기에 속한다. 자율주행 자동차를 예로 들면, 이런 자동차가 모든 가정에 이미 한 대씩 보급되었고, 심지어는 공상과학영화에서나 볼 수 있던 '날아서 달리는 자율주행 자동차'가 새롭게 출시된 상황이라 할 수 있다.

성숙기에 속한 기업들은 매출을 늘리고 비용을 줄여야 한다. 경쟁

기업과 실적을 놓고 전쟁을 벌인다. 구조조정을 시행해 비싼 노동력을 줄이기 위해 로봇 등 각종 설비를 사들이는 경향이 있다. 이른바 '고용 없는 성장'이 나타난다.

성숙기 기업들은 설비투자도 매출도 정체 현상을 보이며, 한편으로는 여유자금이 풍부해진다. 여유자금은 일부 부채 상환에 쓰고 일부는 주주 배당으로 지출한다. 새로운 시장을 찾아 해외 생산기지로 이전하는 상황도 종종 있다.

성숙기 기업은 안정적인 실적을 기록하며 이상적인 모습을 보인다. 그러나 언제든 경쟁 상품이 치고 들어올 가능성이 도사리고 있다. 사업다각화, 인수합병, 해외이전 등 생존을 위한 다양한 활동을 모색해야 하는 이유다.

(4) 쇠퇴기

끝으로 쇠퇴기는 판매가 감소하는 시기다. 제품이 쇠퇴기에 접어드는 이유는 시장의 수요가 포화 상태이거나, 기존 제품을 대체하는 신제품이 출시되었거나, 고객의 욕구가 변했기 때문일 수 있다.

고위험 고수익의 코스닥시장, 어떻게 보아야 하나?

과거의 사례를 되새겨보면, 수많은 벤처기업이 도입기에서 성장기로 진입하지 못하고 사라졌다. 화려한 조명을 받으며 시장에 나타났지만, 소비자들에게 퍼지지도 못한 채 소멸되는 기업이 정말 많다. 과거 수많은 통신업체가 난립하다가 SK텔레콤과 KT 그리고 LGU+ 등 세 기업만 살아남은 사례나, 수많은 포털업체 가운데 네이버와 카카오 두 기업만 생존한 것이 그 예다. 이처럼 신제품이나 신사업이 도입기에서 성장기로 이어지지 못하고 소멸하는 현상을 캐즘(chasm)이라고 한다.

원래 캐즘은 지층 사이에 큰 틈이 생긴 것을 가리키는 지질학 용어이지만, 1991년 미국 실리콘밸리의 컨설턴트 무어(Geoffrey A. Moore)가 이 용어로 벤처업계의 성장 과정을 설명한 이후 마케팅 용어로 흔히 쓰이고 있다.

성장성이 돋보이던 벤처기업들이 급격히 쇠퇴하거나 소멸하는 상황에 부닥치는 것은 이런 캐즘을 극복하지 못하기 때문이다. 100개의 벤처기업 중 1~2개 기업만이 캐즘을 극복하고 다음 단계로 넘어간다고 하니, 벤처기업이 성공한다는 것은 오히려 이상한 일인지도 모르겠다.

코스닥시장은 대기업보다는 중소기업 위주로 상장되어 있다. 코스닥시장이 안정성보다는 성장성이 돋보이는 이유다. 그러다 보니 코스닥시장의 주가 역시 변동성이 클 수밖에 없다. 반면에 코스피시장에 상장된 기업은 대체로 성숙기에 속한 대기업이다. 그들이 만든 제품은 수많은 세월 동안 시장에서 검증되었고 판매도 어느 정도 안정되면서 원가가 낮아 이익을 낸다. 안정성이 돋보일 수밖에 없다. 다음의 예를 생각해보면 쉽게 이해할 수 있을 것이다.

만약 삼성전자가 혁신적인 신기술을 개발해 향후 매출이 1조 원

정도 증가할 것이라고 발표했다고 가정해보자. 이때 삼성전자의 주가에는 큰 변동이 없을 것이다. 왜냐하면, 삼성전자의 기존 매출액이 200조원인데, 거기에 1조원은 말 그대로 '새 발의 피'이기 때문이다.

그러나 매출액 100억원에 불과한 코스닥 상장회사가 신기술을 개발해 향후 매출액이 1조원 늘어난다고 발표했다면 어떻게 될까? 이 회사의 주가는 며칠 동안 고공 행진하는 것이 당연하다.

무작정 투자, 높은 신용거래 비중

코스닥시장은 개인투자자가 압도적인 비중을 차지한다. 현재 코스피시장에서 개인투자자의 거래 비중은 약 50%인데 반해, 코스닥시장에서는 90%에 달한다. 이것은 무엇을 의미할까?

개인투자자는 정확한 기업 분석을 통해 투자하는 경우가 드물다. 개인은 대체로 뜬소문에 휩쓸려 무작정 투자를 하기가 쉽다. 또 주가가 상승하면 물밀 듯이 매수하고, 주가가 하락하면 썰물처럼 투매하는 패턴을 보이는 특징도 있다. 개인투자자가 대다수인 코스닥지수가 불안정할 수밖에 없는 이유다.

코스닥시장이 비교적 불안정한 이유는 더 있는데, 신용거래 비중이 높기 때문이다. 신용거래란 증권회사로부터 돈을 빌려 주식을 매수해 담보로 제공하는 방식을 말한다. 신용거래를 하는 경우, 해당 주식을 매수한 후 3개월 이내에 갚아야 하고, 그러지 못하면 증권회사는 해당 주식을 매도해 대출금을 회수한다.

이처럼 코스닥시장은 개인투자자의 비중이 높고 신용거래가 많아서 주가의 움직임이 불안정할 수밖에 없다. 따라서 초보 투자자라면 코스피에 투자한 후 경험이 충분히 쌓인 연후에 코스닥지수에 투자하기를 권하는 바이다.

07
장기 투자에
도움이 되는 지표들

장기 투자를 위한 PER와 EPS 해석법

경제성장률은 기업실적에는 물론이고 주가에도 큰 영향을 미친다. 경제성장률이 높아지면 기업실적이 좋아져 주가는 상승한다. 반면에 경제성장률이 둔화하면 기업실적이 악화하므로 주가는 하락할 수밖에 없다.

그렇다면 투자자들은 어떻게 경제성장률을 파악하고 투자할 것인가? 기업실적을 말해주는 두 가지 지표만 이해하면 경제성장률을 파악하는 것은 그리 어렵지 않다. 그 두 가지는 EPS(주당순이익)와 PER(주가수익배수)로, 다음 도식을 보면 더 이해하기가 쉬울 것이다.

$$주당순이익(EPS, Earning Per Share) = 당기순이익 / 발행주식수$$
$$주가수익배수(PER, Price Earning Ratio) = 주가 / EPS$$
$$주식의 기대투자수익률 = 100 / PER$$

만약 A기업의 당기순이익이 10억원이고 발행주식수가 100만주이며 주가가 10,000원일 때 EPS와 PER는 다음과 같다.

$$EPS = 1,000,000,000원 / 1,000,000주 = 1,000원$$
$$PER = 10,000원 / 1,000원 = 10배$$
$$주식의 기대투자수익률 = 100 / 10배 = 10\%$$
$$PER = 주가 / EPS$$

이 도식을 정리하면, PER은 주가와는 정비례하고, EPS와는 반비례 방향으로 움직인다. 주가가 상승하거나 EPS가 줄어들면 PER은 올라가고, 주가가 하락하거나 EPS가 늘어나면 PER은 내려간다.

PER과 EPS에 대해 기본적인 내용을 이해했다면, 다음으로 이 지표를 투자에서 어떻게 활용할지 생각해보자.

첫 번째로, EPS가 고정된 상태에서 주가가 상승하면 PER은 높아지고, 주가가 하락하면 PER은 낮아진다는 점을 기억하라. 만일, EPS가 1,000원인데 주가가 10,000원에 형성된다면 PER은 10배로 계산된다. 여기서 주가가 20,000원으로 상승하면 PER은 20으로 높아지고, 주가가 5,000원으로 하락하면 PER도 5로 낮아진다.

두 번째로 기억할 것은 주가가 고정된 상태에서 기업실적이 좋아지면 PER은 낮아지고 실적이 나빠지면 PER이 높아진다는 것이다.

예를 들어, 주가가 10,000원인데 EPS가 1,000원에서 2,000원으로 늘어나면 PER은 5로 낮아지고, 반대로 실적이 악화되어 500원으로 줄어들면 PER은 20으로 높아진다.

그리고 PER을 계산할 때 주가는 시시각각 변동하지만, EPS는 1년간 고정된다는 점 또한 기억하자. EPS를 결정짓는 당기순이익은 1년에 한 번 결산한 뒤에야 확정되기 때문이다. 가령, 12월 말 결산하는 법인은 다음 해 2~3월이 되어야 최종 순이익을 발표한다. 그 전까지는 전년도 이익에 따라 PER을 계산할 수밖에 없다.

주가가 상승해 PER이 높아진다면, 투자자들은 전년도에 비해 당년도의 실적이 좋아질 것으로 전망하고 매수하는 상황일 수 있다. 주가가 하락해 PER이 낮아진다면, 투자자들은 당년도 실적이 전년에 비해 나빠질 것으로 보고 매도하는 상황일 수 있다.

투자수익률로서의 PER과 EPS 해석법

증권사가 발표하는 EPS와 PER은 확정이 아닌 추정일 수 있다. 증권사는 상장회사 실적이 확정되기 전에는 사업계획과 분기보고서 등의 각종 자료만으로 당년도에 벌어들일 예상 이익을 추정한다. 이를 바탕으로 EPS를 추정하고 추정 PER을 발표한다.

따라서 특정 상장회사가 경영실적을 발표하면 주가는 요동칠 수밖에 없다. 추정 EPS보다 더 많은 이익이 생기면 주가는 상승하고, 이익이 줄거나 적자라면 주가는 폭락한다. 이처럼 12월 말 결산법

(도표 3-20) 코스피시장의 시가총액 상위 20위 기업의 PER

N	종목명	현재가	전일비	등락률	액면가	거래량	상장주식수	시가총액	주당 순이익	외국인 비율	PER
1	삼성전자	57,300	▲ 500	+0.88%	100	11,462,307	5,969,783	3,420,685	3,134	55.94	18.28
2	SK하이닉스	82,000	▲ 200	+0.24%	5,000	1,232,625	728,002	596,962	2,141	48.15	38.30
3	NAVER	312,500	▼ 2,000	-0.64%	100	869,384	164,263	513,323	3,873	55.54	80.69
4	삼성바이오 로직스	743,000	▲ 7,000	+0.95%	2,500	69,664	66,165	491,606	4,202	10.38	176.82
5	LG화학	643,000	▲ 8,000	+1.26%	5,000	625,596	70,592	453,909	1,788	37.28	359.62
6	셀트리온	306,500	▲ 7,500	+2.51%	1,000	589,444	134,939	413,589	2,514	21.18	121.92
7	삼성전자우	49,750	▲ 700	+1.43%	100	896,818	822,887	409,386	3,134	88.30	15.87
8	카카오	367,000	▲ 1,000	+0.27%	500	1,293,601	87,846	322,395	-2,962	33.26	-123.90
9	삼성SDI	416,000	▲ 1,500	+0.36%	5,000	409,021	68,765	286,060	4,217	42.54	98.65
10	현대차	131,000	▲ 4,000	+3.15%	5,000	1,515,196	213,668	279,905	9,438	33.82	13.88
11	LG생활건강	1,357,000	▲ 7,000	+0.52%	5,000	12,775	15,618	211,939	44,318	44.67	30.62
12	삼성물산	106,000	▲ 2,000	+1.92%	100	152,563	186,887	198,100	5,871	14.51	18.05
13	현대모비스	208,000	▲ 2,000	+0.97%	5,000	226,794	95,055	197,714	22,594	44.56	9.21
14	엔씨소프트	841,000	▼ 3,000	-0.36%	500	72,237	21,954	184,633	21,842	50.14	38.50
15	SK텔레콤	220,500	▲ 1,500	+0.68%	500	263,631	80,746	178,044	10,157	34.61	21.71
16	POSCO	195,000	▲ 3,000	+1.56%	5,000	103,358	87,187	170,014	17,081	52.49	11.42
17	기아차	40,650	▲ 950	+2.39%	5,000	1,140,386	405,363	164,780	3,561	38.89	11.42
18	SK	226,500	▲ 9,000	+4.14%	200	260,728	70,360	159,366	979	22.23	231.26
19	KB금융	35,400	▲ 150	+0.43%	5,000	735,984	415,808	147,196	7,656	64.53	4.62
20	신한지주	30,200	▲ 300	+1.00%	5,000	724,746	477,397	144,174	6,950	62.68	4.35

출처: 네이버증권(2020. 08)

인이 실적을 발표하면서 주가가 변동하는 매년 2~3월을 어닝시즌 (earning season)이라 한다. 또 경영실적이 추정실적에 비해 차이가 커서 주가가 크게 등락하는 현상을 어닝쇼크(earning shock)라고 한다.

PER은 투자자들이 주식에 투자하면서 기대하는 투자수익률(100 / PER)과도 밀접한 관계가 있다. 만약 PER이 10이라면 해당 기업의 매년 EPS를 가지고 투자원금을 회수하는 데 10년이라는 기간이 필요하다는 뜻이다. 매년 10%의 수익률을 내면서 10년이 지나야 투자원금 100%를 회수할 수 있다는 말이다.

만약 회사의 PER이 20으로 나타난다면 투자원금을 회수하는 기간은 20년이다. 이때 매년 기대 투자수익률(100 / 20)은 5%로 나타난다. 반면에 PER이 5라면 원금 회수기간은 5년이므로 기대 투자수익률(100 / 5)은 20%로 계산된다.

참고로 코스피시장의 시가총액이 큰 20개 기업의 PER을 살펴보면 (도표 3-20)과 같다.

시가총액 1위인 삼성전자를 보자. 현재 주가 57,300원, EPS 3,134원, PER 18.28로 나타난다. 국내 상장회사의 평균 PER인 10배를 기준으로 볼 때 삼성전자의 PER인 18은 비교적 높은 수준이다. 그러나 앞서 설명한 것처럼 삼성전자의 PER은 현재(2020년 8월)의 주가에 직전 사업연도(2019년)의 당기순이익을 기준으로 계산한 수치이다. 국내 증권사들은 삼성전자의 2020년 EPS를 전년보다 16% 늘어난 3,625원으로 추정하고 있다. 따라서 추정 PER은 현재 주가 57,300원에 추정 EPS인 3,625원으로 나누면 약 16배가 된다. 국내 주식시장의 평균치인 10배에 비해 높은 수준이다.

결론적으로 2020년에는 삼성전자가 전년과 비교해 순이익이 많이 늘어날 것으로 본 개인투자자들이 주식을 대거 매수함으로써 주가가 먼저 상승한 결과다. 증권사들이 추정한 EPS에 비해 회사가 발표하는 EPS가 늘어나면 주가는 현재 수준보다 더욱 상승할 것이고, 반대로 줄어들면 주가는 하락세로 반전된다고 전망할 수 있다.

PER로 읽는 코스피의 흐름

PER을 보면 주식시장의 흐름도 알 수 있다. (도표 3-21)을 보며 코스피시장의 최근 흐름을 PER로 읽어보자.

(도표 3-21) 코스피와 PER 추이

코스피(2004~2020)

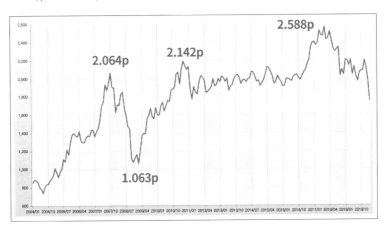

PER(2004~2020)

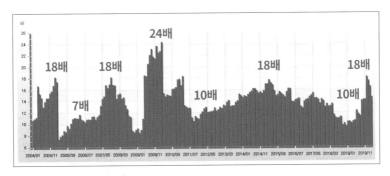

출처: 한국은행 경제통계시스템

(도표 3-22) 코스피와 PER의 추이 해설

기간(연도)	상황
2004	향후 EPS가 좋아질 것으로 전망되면서 주가가 먼저 상승했고 PER도 동반 상승했다.
2005	실적 EPS가 추정치대로 좋게 발표되면서 PER는 하락했다.
2006~2007	실적 EPS가 지속적으로 호전될 것으로 전망되면서 주가는 미리 힘차게 상승했고, PER 또한 동반 상승했다.
2008~2009	실적 EPS가 추정치보다 나쁘게 발표되면서 주가가 하락했고 PER 역시 낮아졌다.
2010~2011	향후 추정 EPS가 좋아질 것으로 전망되면서 주가가 먼저 상승했고, PER도 동반 상승했다.
2012~2016	상장회사의 추정 이익이 거의 변동 없을 것으로 전망되면서 주가와 PER는 박스권에 갇혀 지루하게 횡보한다.
2017~2018	실적 EPS가 추정치대로 좋게 발표되면서 PER는 하락했다.
2018 이후	향후 추정 EPS가 나빠질 것으로 전망되면서 주가가 먼저 하락했고, 이에 따라 PER도 대폭 상승했다.

(도표 3-21)의 내용을 (도표 3-22)에 정리하였다. 이를 좀 더 자세히 설명하면 다음과 같다.

2004년 상황을 보면, 실적이 발표되기 전에 PER이 18배까지 상승했다. 전년도보다 당년도의 추정이익이 늘어날 것으로 전망한 투자자들이 강한 매수세를 보이며 주가가 먼저 상승한 것이다. 이어서 PER은 7배까지 낮아졌다. 상장회사들의 EPS가 전년에 비해 매우 증가한 것이다. 이른바 주식시장에 자금이 유입되면서 매수가 늘고 주가가 상승하는 금융장세에 해당된다.

이번에는 2005년부터 2007년까지를 살펴보자. PER값이 7~18배까지 완만하게 상승하는 것을 볼 수 있다. 상장회사의 실적이 좋아지고 주가도 상승하는 이른바 실적장세에 해당된다.

2008년에는 PER이 크게 떨어지는 것을 볼 수 있다. 2007년 하반기부터 몰려온 글로벌 금융위기 여파에 따라 주가가 급락하면서 PER값 역시 크게 떨어진 것이다. 1년이라는 짧은 기간에 역금융장세와 역실적장세가 동시에 진행되었다.

2009~2011년 동안에는 PER값이 24배까지 급등했다. 당시 주가도 매수세에 힘입어 짧은 기간에 최고의 상승세를 내면서 2,000포인트까지 올라갔다. 이어서 상장회사가 추정한 대로 실적이 나오면서 PER은 지속적으로 하락해 10배까지 낮아졌다.

2012년부터 2016년까지를 살펴보자. 주가지수는 1,800~2,100포인트 사이에서 박스권으로 움직이고, PER 역시 12~18배 사이에서 완만하게 상승하다가 완만하게 하락하는 모습을 보인다. 상장회사의 실적이 전년 실적에서 크게 좋아지지도, 크게 나빠지지도 않고 있다.

2016년부터 주가는 힘차게 상승하면서 2018년에 최고점을 달성한다. 반면에 PER은 낮아지는 모양을 보인다. 상장회사가 추정한 대로 실적이 양호하게 나오면서 PER은 지속해서 하락해 과거 국내 평균 수준인 10배까지 낮아졌다.

그러나 2018년에 최고점을 달성한 주가지수는 하락하면서 PER은 상승하기 시작한다. 향후 실적이 나빠질 것으로 전망되면서 주가가 먼저 하락했고, 이에 따라 PER이 대폭 상승했다.

PER과 PEG로 코스닥 읽기

이번에는 코스닥시장의 PER에 대해 알아보자. 코스닥시장의 시가총액 상위 20개 종목의 PER을 (도표 3-23)에 정리했다. 이 자료에서 보듯이, 코스닥시장은 코스피시장과 달리 PER값이 20~100 수준이고, 심지어 알테오젠은 1,000배를, 특히 일부 종목들은 마이너스(-) PER까지 기록하고 있다. 특히 코스닥 대장주인 셀트리온헬스케어(종목코드: 091990)의 PER은 110배에 달한 다시 말해, 이 회사가 현재 수준의 EPS를 계속 기록한다면 110년이 걸려야만 투자 원금을 회수할 수 있다는 뜻이다.

그러면 코스닥 종목의 PER은 왜 이렇게 높을까? 그 이유를 설명하기 전에 PEG 지표를 이해할 필요가 있다. 다음 도식을 보자.

주가이익성장배수(PEG, Price Earning to Growth Ratio) = PER / 이익성장률

만약 A기업의 발행주식수가 100만주이고 주가가 30,000원이며, 금년의 당기순이익은 전년보다 30% 늘어난 10억원이라고 가정하자. 이때 EPS, PER, PEG는 다음과 같다.

EPS = 1,000,000,000원 / 1,000,000주 = 1,000원
PER = 30,000원 / 1,000원 = 30배
PEG = PER / 이익성장률 = 30배 / 30% = 1.0배

(도표 3-23) 코스닥시장의 시가총액 상위 20위 기업의 PER

N	종목명	현재가	전일비	등락률	액면가	거래량	상장주식수	시가총액	주당순이익	외국인비율	PER
1	셀트리온헬스케어	98,500	▲ 1,000	+1.03%	1,000	889,643	151,406	149,135	896	17.65	109.93
2	씨젠	273,200	▼ 16,700	-5.76%	500	2,320,557	26,234	71,671	2,109	14.60	129.54
3	에이치엘비	82,500	▲ 700	+0.86%	500	322,355	52,655	43,440	-1,039	11.90	-79.40
4	셀트리온제약	120,000	▲ 1,700	+1.44%	500	208,689	35,807	42,968	295	8.31	406.78
5	제넥신	131,100	▲ 500	+0.38%	500	930,338	23,835	31,248	-2,631	7.98	-49.83
6	에코프로비엠	145,200	▼ 1,700	-1.16%	500	360,728	20,964	30,440	1,579	6.58	91.96
7	케이엠더블유	71,000	▼ 400	-0.56%	500	353,911	39,821	28,273	2,402	10.57	29.56
8	알테오젠	193,800	▲ 4,200	+2.22%	500	450,666	13,996	27,124	181	13.04	1,070.72
9	SK머티리얼즈	245,700	▲ 1,400	+0.57%	500	36,211	10,548	25,916	12,129	15.61	20.26
10	CJ ENM	114,600	▲ 2,100	+1.87%	5,000	42,434	21,929	25,131	4,041	18.92	28.36
11	스튜디오드래곤	87,800	▲ 300	+0.34%	500	115,328	28,096	24,669	917	8.61	95.75
12	펄어비스	188,300	▲ 3,600	+1.95%	500	23,569	13,080	24,629	14,728	22.29	12.79
13	리노공업	136,800	▲ 300	+0.22%	500	45,435	15,242	20,852	3,923	42.19	34.87
14	휴젤	153,500	▲ 4,500	+3.02%	500	78,360	12,670	19,449	2,683	69.86	57.21
15	원익IPS	38,200	▲ 200	+0.53%	500	453,709	49,084	18,750	1,052	28.13	36.31
16	메드팩토	87,100	▲ 3,500	+4.19%	500	502,051	20,335	17,712	-810	4.34	-107.53
17	콜마비앤에이치	58,800	▼ 1,500	-2.49%	500	211,235	29,544	17,372	2,016	5.74	29.17
18	동진쎄미켐	33,350	▼ 300	-0.89%	500	944,766	51,414	17,147	1,271	9.20	26.24
19	솔브레인홀딩스	95,900	0	0.00%	500	0	17,398	16,685	7,754	26.88	12.37
20	컴투스	126,000	▲ 1,500	+1.20%	500	50,709	12,866	16,212	8,660	35.02	14.55

출처: 네이버증권(2020. 8)

　　PER은 상장회사의 현재 경영실적만을 반영한 지표다. PER만 보면 과거의 실적, 혹은 미래의 성장성은 전혀 알 수 없다. 이때 유용한 지표가 이익성장률을 반영한 PEG다.

　　만약 A기업의 PER이 5이고 B기업의 PER이 100이라고 하자. 단순히 PER만을 놓고 보면 A기업의 주가는 이익과 비교하면 저평가되었고 B기업은 고평가되었다고 판단한다. 그런데 A기업은 전년대비 당년도의 이익성장률이 5%이고, B기업은 200%라면 PEG는

B기업이 낮게 나타난다. 즉 성장성보다 주가가 저평가되었다고 할 수 있다. 다음 도식을 참조하라.

A기업의 PEG = 5배 / 5% = 1배
B기업의 PEG = 100배 / 200% = 0.5배

PEG를 활용할 때는 다음을 기억하자. PEG=1배를 기준으로, 그보다 낮은 0.5배 이하면 매수하고, 그보다 높은 1.5배 이상이면 매도하는 것이 좋다.

이 논리에 따라 셀트리온헬스케어(종목코드: 091990)의 PER인 110배는 다음과 같이 해석된다. 이 회사의 2019년 당기순이익이 650억원이고, 증권사들이 추정한 2020년 당기순이익이 2,660억원이므로 410% 늘어날 것으로 전망된다.

따라서 현재의 주가에 따른 PER 110배를 이익성장률 410%로 나누면 PEG가 0.27배이므로, 현재 주가가 도리어 저평가되었다는 논리가 성립된다. 다만, 추정한 이익이 그만큼 늘어날 것인지는 시간이 지나야 알 수 있다. 다시 말해, 기관투자자들이 추정한 이익보다 더 많은 이익을 기록하면 주가는 더 상승할 것이고, 반면에 추정한 이익이 과다해 실적 이익이 낮아지면 주가는 하락할 것이다.

제4장

ETF
자세히 들여다보기

일러두기_이 장에 수록된 차트는 '네이버 증권'에서 제공하는 화면을 캡처하였습니다.

01
세 번의 펀드 열풍이
말해주는 것

첫 번째 열풍, '바이 코리아 펀드'

상장지수펀드(ETF, Exchange Traded Fund)를 제대로 이해하기 위해서는 우선 펀드가 무엇인지, 그리고 과거 우리나라에서 세 번의 펀드 열풍이 일어난 이유에 대해 알 필요가 있다. 결론적으로 개인투자자가 쉽고 안전하게 투자할 수 있는 종목은 ETF이기 때문이다.

개인이 주식에 투자하는 방법은 크게 직접투자와 간접투자로 나뉜다. 그리고 펀드는 가장 전형적인 간접투자에 속한다. 주식시장에 새롭게 등장한 금융상품으로 ETF와 ETN 등을 들어보았을 것이다. 이 역시 그 뿌리는 펀드라 할 수 있다.

우선, 펀드 관련 투자자가 염두에 두어야 할 핵심을 살펴보자.

우리나라 국민은 과거 세 번에 걸쳐 펀드 열풍을 경험했다.

첫 번째는 외환위기 직후인 1999년 있었던 펀드 열풍이다. 당시 코스피가 270포인트까지 떨어지자 현대증권은 '바이 코리아 펀드(Buy Korea Fund)'를 만들어 다음과 같은 문구로 대중을 설득했다.

"지금 주식을 사면 여러분 모두 부자가 됩니다!"
"2005년에는 코스피가 6,000포인트까지 오릅니다!"

바이 코리아 펀드는 당시 '금모으기 운동'으로 한껏 고조된 애국심에 편승한 마케팅에 성공했다. 큰 인기를 얻은 이 펀드는 단 두 달 만에 5조원을 끌어모으는 쾌거를 이루었다.

바이 코리아 펀드는 1999년 출시 첫해부터 코스피가 폭등하면서 무려 100%라는 기록적인 수익률을 기록했다. 펀드가입자들은 행복한 비명을 질렀다. 그러나 다음 해인 2000년에 접어들자마자 IT 버블이 붕괴하면서 코스피와 코스닥지수가 덩달아 주저앉았다. 손실이 무려 (-)77%에 달했다. 이에 따라 대박을 꿈꾸던 수많은 펀드가입자가 서둘러 자금을 인출하면서 펀드 설정액, 즉 펀드에 가입된 총자금이 반 토막으로 줄어들었다.

이처럼 바이 코리아 펀드는 코스피의 변동만큼이나 수많은 우여곡절을 겪었다. 현재는 한화자산운용에서 '코리아 레전드 펀드(Korea Legend Fund)'라는 이름으로 명맥을 유지하고 있다.

두 번째 열풍, '적립식 펀드'

↗

한때 국내에서 '폐쇄형 사모펀드'가 주류를 차지하던 시절이 있었다. 소수로부터 거액의 자금을 모아 주식에 투자한 뒤 목표 수익률을 달성하면 언제라도 해산하는 방식이 바로 '폐쇄형 사모펀드'다. 주로 소수의 부자가 이런 방식으로 돈을 긁어모았다.

그러다가 2001년 1월 외환위기를 극복하고 IT버블이 꺼지기 시작할 무렵, 이름도 생소한 한 조그마한 회사가 '디스커버리 펀드(Discovery Fund)시리즈'와 '인디펜던스 펀드(Independence Fund) 시리즈'라는 낯선 펀드 상품을 들고 혜성같이 등장했다. 바로 미래에셋자산운용이 개발한 국내 최초의 '개방형 적립식 펀드'였다.

여기서 개방형 적립식 펀드에 대해 약간의 설명이 필요할 것 같다. 우선, 개방형 펀드란 수많은 소액투자자로부터 조금씩 모은 거액의 자금을 주식에 투자하는 방식의 펀드를 말한다. 별도의 매매일이 정해지지 않아 언제라도 가입과 탈퇴를 할 수 있다는 것이 특징이었다.

그렇다면 적립식 펀드란 무엇일까? 과거에는 가입자가 초기에 뭉칫돈을 집어넣는 펀드가 대부분이었고 이를 '거치식 펀드'라 불렀다. 이와 달리 '적립식 펀드'는 직장인이 매달 은행에 적금을 붓듯이 일정 금액을 납입하는 방식의 펀드를 말한다. 그래서 적립식 펀드는 주식투자를 예금 수준으로 끌어올렸다는 평가를 받았다.

적립식 펀드는 '우리 아이 3억 만들기 펀드시리즈' 출시를 기점으로 화려하게 꽃을 피운다. 과거 우리는 자산운용회사가 펀드를 설계하고 그 펀드 상품을 증권회사 지점에서 판매하는 방식을 따랐다. 그런데 당시 미래에셋자산운용은 증권회사가 아닌 은행을 주요 판매처로 집중 공략했다. 그런 전략은 적중했고 '1가정 1적립식 펀드'라고 할 정도로 적립식 펀드가 폭발적인 인기를 얻었다.

개방형 적립식 펀드가 인기를 끌면서 펀드의 개념도 크게 바뀌었다. 과거에는 펀드가 소수의 부자만의 전용물이었지만, 이제는 다수 투자자의 재테크 수단이 되었다. 때마침 코스피 상승의 바람까지 불며, 2001년 펀드 설정 이후 금융위기 직전인 2007년까지 무려 1,000%의 누적수익률을 달성했다.

그러나 2008년 금융위기가 불어 닥치자 코스피가 폭락했고, 개방형 적립식 펀드 수익률도 바닥을 쳤다. 개방형 적립식 펀드의 인기는 시들해졌고 펀드 열풍 또한 완전히 물러가는 듯했다.

세 번째 열풍, '인사이트 펀드'

2006년 3월 미래에셋자산운용은 '미래에셋 차이나 솔로몬(일명 미차솔)'이라는 해외펀드를 출시한다. 국내를 넘어 해외 주식시장에 눈을 돌리기 시작한 것이다. 때마침 중국 경제가 고성장하면서 중국 증시 역시 달아오르기 시작했다. 결국 '미차솔'을 출시한 첫 해에만 75%의 투자수익률을 기록하면서 국내에 세 번째 펀드 열풍 조짐이 보이기 시작했다.

미래에셋자산운용은 해외 주식투자에 대한 성공 신화를 바탕으로 2007년 10월 '인사이트 펀드(Insight Fund)'를 출시한다. 시중에서는 일명 '박현주 펀드'라고 불리던 인사이트 펀드는 최소 가입금액이 1,000만원이고 연간 운용수수료가 3%에 달했다. 개인에게는 다소 부담스러운 가격이었지만 이 펀드는 출시 후 3주 만에 4조원의 자금을 끌어당기는 대히트를 기록했다.

그럴 만한 이유가 있었다. 인사이트 펀드는 일반적인 펀드와는 달리 가입자가 투자 대상을 고를 필요가 없었다. 당시 일반적인 펀드는 출시 때부터 투자 대상을 주식, 채권, 원자재, 파생상품 가운데 하나로 한정해 투자자에게 고르게 했다. 그러나 인사이트 펀드는 펀드매니저에게 투자 대상을 전적으로 일임하는 방식으로 운영되었다. 투자자들은 그런 편리함 때문에 쉽게 이 상품을 구매했던 것으로 보인다.

그러나 2008년 글로벌 금융위기가 불어 닥치면서 세 번째 '해외 펀드' 열풍 역시 수그러들었다. 당시 중국 증시가 폭락하면서 2009년 인사이트 펀드는 수익률이 (-)50%로 반 토막이 났다. 그로부터 약 7년이 지난 2014년 11월에 접어들어서야 원금을 회복했다.

02
주식 종목보다
더 많은 펀드 유형들

주식형과 채권형

현재 국내에는 약 6,000여 개의 펀드가 판매되어 운용되고 있다. 국내 주식시장에 상장된 2,000여 개의 종목보다 무려 3배나 많은 수치다. 펀드 고르기가 주식 고르기보다 더 어려운 시절이다.

여기서는 투자자들이 펀드를 고르는 데 도움이 될만한 기준을 제시하고자 한다. 우선 펀드를 유형별로 구분하고, 그다음에 유형별 수익률을 살펴볼 것이다.

우선 펀드는 투자 대상에 따라 크게 주식형 펀드와 채권형 펀드로 구분된다. '주식형 펀드'는 보유 자산의 60% 이상을 주식에 투자하도록 설계된 펀드를 말한다. 보통 펀드매니저는 주식시장의 상황에 따라 주식의 편입비율을 달리한다. 예를 들어 주식시장이 호황을 보이면 투자자금 전액을 주식에 투자하고, 주식시장 상황이 나빠지면 주식을 점차 매도해 전체 펀드자산의 60% 수준까지만 주식으로 보유하기도 한다.

주식형 펀드는 투자하는 주식의 유형과 기대수익 등에 따라 가치주형, 성장주형, 배당주형, 대형주형, 중소주형 등으로 세분된다.

'채권형 펀드'는 보유 자산의 60% 이상을 채권에 투자하는 펀드다. 채권형 펀드는 시장금리가 변동하면서 수익률이 달라진다. 원래 금리와 채권가격은 반대 방향으로 움직인다. 시장금리가 저점에서 상승하면 채권 가치가 하락하면서 수익률이 떨어지거나 심지어 마이너스를 기록하기도 한다.

반면에 시장금리가 고점에서 하락하면 채권 가치가 상승하면서 이자수익 외에 평가차익까지 나타나 수익률이 올라간다. 예를 들어, 정부가 금리를 인상하면 시중금리 역시 상승 추세를 보일 수밖에 없다. 이 경우 채권형 펀드의 가입을 늦추거나 채권 만기가 짧은 '단기 국고채형'에 가입하는 것이 유리하다. 반면에 정부가 금리를 인하하면 시중금리 역시 하락 추세를 보이기 때문에, 서둘러 채권 만기가 긴 '장기 국고채형'에 가입하는 것이 훨씬 유리하다.

채권형 펀드는 투자하는 채권의 유형과 기간 등에 따라 단기 국고채형, 장기 국고채형, 회사채형 등 다양하게 구분된다.

'혼합형 펀드'는 주식과 채권 각각을 전체 펀드 자산의 60%를 넘지 않도록 섞어서 투자하는 펀드를 말한다. 예를 들어 채권에 40%, 주식에 40%, 나머지 20%는 은행예금이나 증권회사 금융상품 등에

(도표 4-1) 펀드의 유형별 분류

구분	유형	종목
국내펀드	주식형	일반주식, 중소형 주식, 배당주식, K200인덱스
	채권형	일반채권, 초단기채권, 중기채권. 우량채권, 하이일드채권
	주식혼합형	일반주식 혼합, 공격적 자산배분
	채권혼합형	일반채권 혼합, 보수적 자산배분
	절대수익추구형	채권알파, 시장중립, 공모주 하이일드
	부동산형	부동산임대, 부동산대출채권
	MMF	MMF
해외펀드	주식형	중국주식, 글로벌 신흥국주식, 글로벌 주식, 아-신흥국주식, 일본주식
	채권형	글로벌 하이일드채권, 글로벌 채권
	주식혼합형	글로벌 공격적 자산배분, 아-신흥국 주식혼합, 글로벌 주식혼합, 신흥국 주식혼합
	채권혼합형	글로벌 채권혼합, 아-신흥국 채권혼합, 아태채권혼합, 일본 채권혼합, 신흥국 채권혼합
	부동산형	글로벌 리츠재간접, 글로벌 하이일드채권
	커머더티	커머더티
태마펀드		브릭스, 삼성그룹주, 인프라, 중국본토A, 어린이펀드, 원자재, 분배식, 퇴직연금, 장기주택마련, 친디아, 글로벌 신흥국, 동유럽, 남미, 인터넷전용, 물, 친환경, 서유럽, 럭셔리 등

투자하는 방식이다. 국내에서 거래되는 다양한 펀드 유형을 (도표 4-1)에 요약했으니 참고하기 바란다.

앞으로 설명할 ETF는 투자자금을 운용하는 방식이 펀드와 거의 비슷하다. 즉, 현재 국내 주식시장에는 주식형 펀드와 유사한 주식형 ETF, 채권형 펀드와 유사한 채권형 ETF가 모두 거래되고 있다.

국내펀드와 해외펀드

펀드는 투자하는 지역에 따라 국내펀드와 해외펀드로 구분된다.

'국내펀드'는 펀드 자산을 국내주식이나 채권 등에 투자하는 상품이고, '해외펀드'는 해외 주식이나 채권 등에 투자하는 상품이다. 국내펀드와 해외펀드의 차이점은 다음과 같이 정리할 수 있다.

국내펀드는 국내 상품에 투자하기 때문에 운용수수료가 비교적 저렴하다. 반면에 해외펀드는 전문지식이 추가되면서 운용수수료가 국내펀드보다 높게 책정된다.

국내펀드와 달리 해외펀드는 기대수익률에서 상품별로 큰 차이를 보인다. 미국 등 선진국에 투자하는 펀드는 해당 국가들의 상품 가격의 등락 폭이 작아 기대수익률도 위험도 낮다. 그러나 중국이나 인도 등 신흥국에 투자하는 펀드는 기대수익률도 위험도 매우 크다. 따라서 낮지만 안전한 수익을 추구할 것이냐, 조금 위험해도 높은 수익률을 추구할 것이냐는 투자자가 판단할 문제다. 해외펀드를 선택할 때는 수익률만 볼 것이 아니라 위험도 보아야 한다.

해외펀드는 원화를 해당 국가의 통화로 바꿔 투자하기 때문에 환율의 영향을 크게 받는다. 예를 들어 미국에 투자하는 해외펀드는 투자자금을 달러로, 유럽에 투자하는 해외펀드는 유로로 환전해서 투자한다. 이에 따라 해외펀드 수익률은 보유 자산의 가격 등락에도 영향을 받을 뿐만 아니라, 환율의 움직임에 따라서도 크게 변동하는 경우가 많으니 유의해야 한다.

일반적으로 자산운용사는 선물환이나 통화선물 등의 파생상품을 활용해 환율변동위험을 없애려고 노력한다. 환율변동위험이란 거래 시점에 따라 환율이 변동함으로써 파생되는 손실을 의미한다. 각종 펀드 상품명 뒤에 (H)가 표시된 것은 환헤지(F/X Hedge) 상품이라는 뜻이다. 다시 말해, 환율 변동에 따른 위험에 대해 안전장치가 있어서 환율이 변동하더라도 수익률에 영향을 미치지 않는다는 뜻이다.

현재 국내에서는 1년 이상의 장기간에 걸친 선물환거래가 잘 이루어지지 않는다. 따라서 3년 이상 장기간에 걸쳐 투자하는 해외펀드는 국내에서 거래되는 선물환 약정이 거의 없어서, 환헤지가 되지 않아 환율의 움직임에 따라 수익률이 크게 요동치기도 한다.

국내펀드는 투자자금을 회수하기 위해 환매하면 대부분 3~5일 이내에 출금할 수 있다. 그러나 해외펀드는 해외재산을 매각해 인출하기 때문에 국가별로 약간의 차이는 있지만 대략 10~15일이 소요된다.

현재 국내 주식시장에는 국내펀드에 해당하는 국내 ETF, 해외펀드에 해당하는 해외 ETF가 모두 거래되고 있다.

개방형 펀드와 폐쇄형 펀드

펀드는 투자하는 동안 입출금이 가능한지 아닌지에 따라 개방형 펀드와 폐쇄형 펀드로 구분된다.

'개방형 펀드'란 펀드를 운용하는 기간에 자유롭게 입출금이 가능한 펀드를 말한다. 개방형 펀드에 가입한 투자자는 돈이 필요하면 언제라도 환매 절차를 거쳐 투자자금을 회수할 수 있다. 물론 신규 가입 역시 언제라도 가능하다.

일반적으로 은행에서 대출을 받고 만기일 이전에 상환하면 중도 상환수수료를 내야 한다. 이와 마찬가지로 펀드에 가입한 후 최소 투자 기간 이내에 해약하면 중도 환매수수료를 부담해야 한다.

보통 펀드마다 약간씩 차이가 나지만 가입 후 3개월 이내에 환매하면 수익의 70%를, 6개월 이내에 환매하면 수익의 30%를 중도 환매수수료로 공제한다. 이는 투자자들의 초단기 투자를 억제하고, 펀드매니저가 펀드를 안정적으로 운용할 수 있으며, 환매에 따른 사무비용을 충당하기 위해 만든 일종의 벌금이라 할 수 있다.

'폐쇄형 펀드'는 펀드의 만기가 도래해야만 출금이 가능한 펀드를 말한다. 한때 국내 일부 자산운용사가 베트남 등 신흥국가 주식에 투자하는 만기가 3년 이상에 달하는 폐쇄형 펀드를 출시한 적이 있었다. 당초 약정한 만기일이 도래하기 전까지 자금을 인출할 수 없는 펀드라는 사실을 모르고 이 폐쇄형 펀드에 가입해 극도의 자금난에 시달린 사람들이 많았다.

현재 국내 주식시장에서 거래되는 ETF는 모두 개방형 펀드와 유사하다. 언제라도 매수해 투자할 수 있고, 또 언제라도 매도해 투자 자금을 회수할 수 있다.

액티브펀드와 인덱스펀드

주식형 펀드는 목표수익률을 기준으로 다시 액티브펀드(active fund) 와 인덱스펀드(index fund)로 구분된다.

(1) 액티브펀드

액티브펀드는 펀드매니저의 판단에 따라 시장 평균 수익률을 초과하는 수익률을 목표로 적극적인 운용전략을 구사하는 펀드다. 시장 평균 수익률이란 보통 주가지수의 평균 상승률을 말한다.

액티브 펀드를 운용하는 펀드매니저는 수익률을 올리기 위해 다음의 방법을 주로 사용한다.

첫째, 시기별로 주식의 비중을 조절한다. 펀드매니저는 주식시장이 상승 추세라고 판단되면 채권을 팔아 주식을 매수함으로써 수익률을 높인다. 반면에 주식시장이 하락 추세에 접어드는 시기라 생각되면 주식 비중을 줄이고 채권을 매입함으로써 수익률을 방어한다.

둘째, 테마별로 종목의 비중을 조절한다. 펀드매니저는 주식시장의 상황에 따라 주가지수나 산업지수 중에서 더 높은 수익이 기대되는 종목을 고른다. 또는 떠오르는 특정 테마 등을 감안해 개별 종목을 골라 그 비중을 높이는 방식으로 투자한다. 예를 들어 반도체의 시황이 좋으면 IT 종목을 매수하고, 연말에는 배당주의 비중을 늘려 수익률을 높인다.

액티브펀드는 근본적으로 다른 펀드보다 높은 수익률을 얻는 것이 목표이므로 비교적 큰 비용이 발생한다. 예를 들어 빈번한 매매에 따른 매매수수료와 세금, 유능한 펀드매니저를 스카웃하면서 발생하는 높은 인건비, 펀드 가입을 촉진하기 위한 광고 및 판촉비 등이 들어간다. 이런 비용은 모두 펀드 가입자들이 부담하므로, 펀드 가입자는 가입금액의 연 1.5~3% 수준의 운용수수료를 내야 한다.

(2) 인덱스펀드

인덱스펀드는 주가지수의 변동률에 따라 수익이 발생하도록 설계된 펀드를 말한다. 주가지수를 인덱스라 하는 데서 인덱스펀드라는 명칭이 붙었다.

일반적으로 인덱스펀드는 주가지수를 추종하는 소극적인 펀드다. 따라서 주가지수를 구성하는 개별 종목들의 비중에 따라 펀드 자산을 배분하는 방식을 따른다.

인덱스펀드 운용에는 주가지수의 변동률과 펀드수익률 차이를 조정하는 업무 이외에 특별한 노력이 들어가지 않는다. 그만큼 펀드를 운용하는 데 드는 비용이 비교적 직게 발생하므로 운용수수료 역시 저렴해 연 0.35~1.5%에 불과하다.

현재 국내 주식시장에서 거래되는 주식형 ETF는 모두 인덱스펀드에 해당된다.

이것만은 꼭 기억하자

지금까지 펀드에 대해 알기 쉽게 설명했지만, 여전히 어렵게 느껴지는 부분이 있을 것이다. 그만큼 펀드에 대해 잘 모르면서도 투자하는 사람들이 많다. 초보자라면 펀드 정보를 얻을 수 있는 유익한 사이트가 많으니 참고하면 도움이 될 것이다. 대표적인 것으로 금융감독원의 '펀드정보 one click(http://fund.kofia.or.kr)', '펀드 닥터(http://www.fundoctor.co.kr)', 네이버 증권의 '펀드 파인더' 등을 추천한다.

그 밖에 펀드 가입자가 반드시 기억해야 할 사항이 있다.

첫째, 펀드 가입 시간을 전략적으로 선택해야 한다. 주식시장 폐장시간은 오후 3시 30분이다. 따라서 그 이전에 가입하면 당일 종가에 따른 기준가격으로 처리하지만, 그 후에 가입하면 다음 날 종가에 따른 기준가격으로 처리한다. 어떤 가격을 기준으로 가입하는 것이 유리한지 펀드매니저와 상의하고 꼼꼼히 챙기는 것이 좋다.

둘째, 펀드 자금을 인출하는 시간도 잘 선택해야 한다. 주식 폐장시간인 오후 3시 30분 이전에 환매를 신청해 자금을 인출하면 제2

영업일 기준가격으로 제4영업일에 계좌에 입금된다. 그러나 오후 3시 30분 이후에 환매하면 제3영업일 기준가격으로 제4영업일에 입금된다. 예를 들어 목요일 오후 3시 30분 이후에 환매 신청하면 다음 주 월요일 기준가격을 적용해 화요일에 계좌에 돈이 들어온다.

이처럼 펀드에 가입하거나 환매하는 경우 최소 하루 이상 동안 기준가격을 모르는 상황에서 업무가 진행된다. 특히 해외펀드는 좀 더 늦은 3~4일 이후 기준가격으로 결정되기 때문에, 만약 그동안 주가가 급등하거나 급락하면 수익률에 큰 차이가 나기도 한다.

셋째, 펀드가입자는 수익률도 체크해야 한다. 펀드의 누적수익률이란 펀드를 출시한 시점부터 현재까지 누계한 수익률을 말한다. 예를 들어 2015년에 1조원으로 설정되어 6년간 누적수익률이 300%인 상태에서 6개월 만에 1조원의 신규 가입이 이루어지면 평균 수익률은 현저히 낮아질 수밖에 없다. 현재 평균 수익률은 낮지만, 우량 펀드라는 말이다. 따라서 펀드에 가입하면서 수익률을 검토할 때는 1개월, 3개월, 6개월, 1년 동안의 기간별 수익률도 함께 고려할 필요가 있다. 특히 주가지수보다 꾸준히 높은 수익률을 기록하는 펀드에 가입하는 것이 더 유리하다.

참고로 '네이버 증권 펀드 유형별 성과'에서는 다음과 같이 펀드의 유형별로 기간별 투자수익률을 보여주고 있다.

(도표 4-2) 국내펀드 유형별 성과

대유형	소유형	펀드수	설정액	1개월 증감액	수익률(%)			
					올해	1개월	3개월	1년
주식형	중소형주식	55	14,262	-117	-10.56	13.62	-7.51	-15.78
	일반주식	313	101,322	-214	-12.27	11.84	-8.71	-13.74
	K200인덱스	82	118,288	-10,393	-11.87	11.29	-9.18	-7.01
	배당주식	53	26,319	-92	-14.44	11.46	-10.22	-15.05
	테마주식	51	11,241	-9	N/A	N/A	N/A	N/A
	기타인덱스	305	184,395	-29,173	N/A	N/A	N/A	N/A
주식혼합형	공격적자산배분	31	4,556	-22	-9.44	10.20	-5.74	-10.46
	일반주식혼합	87	29,209	-62	-7.98	8.55	-6.02	-6.95
채권혼합형	보수적자산배분	38	2,864	-35	-0.74	1.88	-0.62	-0.19
	일반채권혼합	226	62,563	-465	-3.46	4.18	-2.31	-3.20
채권형	우량채권	38	13,480	316	1.17	0.31	0.61	2.97
	중기채권	69	50,281	1,326	1.30	0.36	0.53	3.58
	초단기채권	31	69,749	1,970	0.52	0.09	0.32	1.65
	일반채권	95	66,014	-6,287	0.57	0.09	0.27	2.01
MMF	MMF	122	976,058	60,712	0.43	0.08	0.30	1.44
부동산형	부동산임대	13	6,735	0	4.86	3.30	4.32	8.93
	부동산대출채권	12	7,011	0	1.40	0.31	1.05	6.36
	부동산개발	1	83	68	N/A	3.67	N/A	N/A
절대수익추구형	공모주하이일드	7	1,489	-79	-0.35	1.07	0.28	-0.97
	채권알파	53	4,961	-183	0.01	0.85	0.16	-0.21
	시장중립	20	787	-12	-2.49	3.70	-1.64	-1.28

03
ETF는
어떻게 만들어질까?

ETF의 상장요건

ETF 시장은 크게 발행시장과 유통시장으로 구분된다. 발행시장은 해당 종목의 주식을 새로 발행하거나 이미 발행된 주식을 없애는(소각하는) 시장을 말하며, 유통시장은 발행된 주식을 투자자들끼리 거래하는 시장을 말한다.

우선, 발행시장에 대해 알아보자. 국내에서 ETF를 새로 만들거나 운용하는 일은 오직 자산운용사만 할 수 있다. 자산운용사는 먼저 특정 종목을 설계하는 작업을 실시한다. 예를 들어 삼성자산운용사가 코스피200을 추종하는 KODEX200이라는 종목을 설계한다고 해보자. 이 종목의 기초지수는 코스피200이다. 즉 KODEX200 종목의 주가는 코스피200의 주가에 따라 상승 하락한다는 뜻이다. 이

(도표 4-3) KODEX200의 설계도

기초지수명	코스피 200
최초설립일/상장일	2002-10-11 / 2002-10-14
펀드형태	수익증권형
총보수	0.150%
회계기간	2013년 1월 1일부터 매 1년간
분배금기준일	매 1, 4, 7, 10월의 마지막 영업일 및 회계기간 종료일(종료일이 영업일이 아닌 경우 종료일의 직전 영업일
유동성공급자(LP)	교보증권, 씨엘, 신한투자, 한국증권, 미래에셋대우, 유진증권, 메리츠, NH투자증권, KB증권, SK증권, 삼성증권, 하이증권, 키움증권, 리딩투자, BNK증권, 에스지, 케이티비, IBK증권, 유안타증권, 이베스트, 하나금융투자, 대신증권, 한화투자, DB금투
자산운용사	삼성자산운용
홈페이지	http://www.kodex.com

종목의 설계도에 대한 나머지 내용은 (도표 4-3)을 참조하자.

자산운용사는 ETF를 설계할 때 한국거래소에서 정한 다음의 상장요건을 모두 충족해야 한다.

첫째, 자본금은 100억원 이상이고 발행하는 주식 총수는 10만주 이상이어야 한다. 이 종목은 기초지수를 따르는 일종의 인덱스펀드에 해당하므로, 먼저 추종하고자 하는 기초지수를 결정해야 한다.

둘째, 기초지수를 구성하는 종목수는 최소 10개 이상이어야 한다. 기초지수를 구성하는 개별 종목과 관련해 단일 종목의 시가총액은 전체 시가총액의 30% 이하여야 하고, 시가총액이 큰 순서로

(도표 4-4) ETF의 상장요건

구분	상장요건	상장폐지요건
규모	- 자본금 100억원 이상 - 발행주식 총수 10만주 이상	- 자본금 50억원 미만이 3개월 지속 - 상장주식수 5만주 미만이 3개월 지속
유동성	- 지정판매회사(AP) 2개사 이상 - 유동성 공급자(LP) 1개사 이상과 계약 체결	- 상장 1년 경과 후 주주수 100명 미만 - 유동성 공급계약을 체결한 증권사가 1사 미만 - 괴리율 3% 초과상태가 10일간 지속되거나 최근 3개월간 20일 이상 지속
지수구성	- 지수를 구성하는 종목수가 10종목 이상 - 지수를 구성하는 종목의 비중 (1) 단일종목 30% 이하 (2) 시가총액순으로 85% 해당하는 종목의 시가총액 150억원 이상, 일 평균거래대금 1억원 이상	
자산구성	시가총액 기준으로 대상지수의 85% 이상 편입 - 종목수 기준으로 지수구성종목의 50% 이상 편입	추적오차율이 10%를 초과한 것이 3개월 지속
기타	지수사용계약 체결	추적대상지수 또는 순자산가치를 산정할 수 없거나 이용할 수 없는 경우

85%에 해당하는 종목들의 시가총액이 150억원 이상이면서 하루 평균 거래대금이 1억원 이상이어야 한다. 현재 한국거래소에서 발표하는 코스피200과 코스닥150 지수 등은 이런 상장요건을 충족하므로, 대부분의 ETF는 이런 주가지수들을 기초지수로 활용하고 있다.

셋째, 자산운용사는 ETF를 만들면서 기초지수를 작성해 발표하는 기관과 지수사용계약을 체결해야 한다. KODEX200의 경우 한국거래소가 발표하는 코스피200을 따르므로, 삼성자산운용은 한국거래소와 지수사용계약을 체결하고 이에 따른 사용료를 지불해야 한다. 현재 국내에서는 한국거래소와 에프엔(FN)가이드 등에서 다양한 주가지수를 작성해 발표하고 있다.

넷째, ETF를 구성할 때는 시가총액을 기준으로 기초지수의 95% 이상을, 종목수를 기준으로 기초지수를 구성하는 50% 이상의 종목을 편입해야 한다. 예를 들어 KODEX200의 경우, 코스피200을 구성하는 200개 종목 중 50% 이상인 최소 100개 이상의 종목을 대상으로 시가총액이 차지하는 비율에 따라 95% 이상을 매수해 편입해야 한다.

자산운용사가 ETF를 구성할 때 충족해야 할 상장요건을 (도표 4-4)에 정리했으니 참고하기 바란다.

ETF 판매와 투자 유치

관련 법률에 따르면, 자산운용사는 펀드나 ETF의 설계와 운용만을 담당하고, 고객에게 직접 판매할 수는 없다. 따라서 자산운용사는 증권회사나 은행 등과 판매 위탁계약을 체결해야 한다. 현재 ETF는 오직 증권회사를 통해서만 판매할 수 있다.

자산운용사는 판매를 위해 최소 2개 이상의 증권회사와 판매 위탁계약을 체결해야 하는데, 판매 위탁계약을 체결한 증권회사를 '지

(도표 4-5) ETF 종목별 설정 1단위별 주식수

종목명	주식수	종목명	주식수
KODEX200	100,000	KODEX KRX100	200,000
KOSEF200	50,000	KOSEF KRX 100	300,000
TIGER200	50,000	TIGER KRX 100	15,000
KODEEX 산업	50,000	TIGER 산업	20,000
KODEX China H	200,000	KODEX Japan	400,000
KODEX Brazil	50,000	KODEX 삼성그룹	100,000
TIGER 라틴	100,000	TIGER 브릭스	300,000
KOSEF 고배당	50,000	KOSEF 블루칩	100,000

정판매회사(AP, Authorized Participant)'라고 한다.

만약 주식시장에서 ETF의 매매 수량이 너무 적거나 혹은 전혀 거래되지 않는다면 투자자들은 큰 낭패를 볼 수 있다. 따라서 자산운용사는 지정판매회사 중 최소 1개 이상의 증권회사와 '유동성 공급계약'을 체결해야 한다. 주식시장에 ETF가 충분히 공급되도록 하는 계약이다. 이때 자산운용사와 유동성 공급계약을 체결한 증권회사를 '유동성 공급자'라고 한다.

유동성 공급자는 ETF가 원활하게 거래되도록 일정한 가격 수준에서 주식의 매수 수량과 매도 수량을 동시에 제시할 책임을 진다.

지정판매회사는 자산운용사를 대신해 다양한 기관투자가늘에게 ETF 투자를 유치한다. 기관투자가는 투자하기로 한 ETF에 대해 지정판매회사에 '설정(設定)'을 신청한다. 기관투자가가 해당 ETF에 일정 금액을 투자하기로 정하는 것을 설정이라 한다.

관련 규정에 따라 ETF별로 최소한의 설정 주식수가 정해져 있다. 예를 들어 KODEX200 종목은 1단위가 10만주로 나타난다. 만약 해당 종목의 1주당 주가가 25,000원이라면 최소 25억원 단위로 설정거래가 이루어진다. 특히 각 설정 단위는 배율로 거래되기 때문에 10만주인 25억원, 20만주인 50억원, 30만주인 75억원 등으로 설정이 이루어진다. (도표 4-5)에 ETF 종목별 설정 1단위별 주식수를 정리했으니 참고하기 바란다.

이처럼 ETF 발행시장에서 거래되는 금액은 거액이므로 발행시장은 원칙적으로 기관투자가만이 참여할 수 있다. 개인투자자는 참여 자체가 허용되지 않는다.

운용이 투명하다는 장점

ETF는 펀드보다 운용이 투명하다는 장점이 있다. 대표적인 이유가 납입자산구성내역(이하 PDF, Portfolio Deposit File) 공시제도가 있어서다. 매일 주식시장이 폐장된 후에 증권회사는 PDF를 계산해 발표한다. 펀드가입자는 매일 포트폴리오를 확인할 수 있어서, 종목의 운용이 비교적 투명하다고 할 수 있다.

PDF란 ETF가 당초 설계한 내용대로 투자해 일정 시점에 보유하게 된 자산의 세부 내역을 말한다. 다시 말해 자산운용사가 ETF를 구성하면서 보유하는 자산의 구성내역이다. PDF를 작성할 때는 거래의 가장 작은 단위이자 설정의 최소 단위인 'CU(Creation Unit)'

(도표 4-6) KODEX200의 PDF와 1CU

CU당 구성종목

구성종목명	주식수 (계약수)	구성비중 (%)
삼성전자	8,113	30.72
SK하이닉스	966	5.27
NAVER	218	4.57
셀트리온	179	3.57
LG화학	79	3.34
카카오	107	2.61
삼성SDI	89	2.46

CU당 구성종목 TOP 10

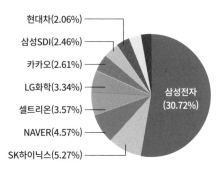

• 기준: 2020.08.03
• CU : 설정단위(Creation unit)

를 기준으로 한다. 즉 1CU는 기관투자가가 ETF를 설정하면서 제공할 때나 환매할 때 돌려받는 주식바스켓의 구성단위를 말한다. 주식바스켓이란 '한 바구니에 담긴 주식의 구성내역'이라는 뜻이다.

KODEX200 종목의 PDF를 구성하는 1CU의 내역을 살펴보면 (도표 4-6)과 같다. 그림에서 나타나듯 다양한 주식과 소액의 현금으로 구성되어 있다.

KODEX200은 코스피200을 추종하는 종목이므로 코스피200을 구성하는 종목들의 시가총액 비중에 따라 PDF를 구성한다. 이 종목의 CU당 구성종목을 살펴보자.

먼저 삼성전자 보통주 8,113주를 매수해 총투자자금의 30.72%를 차지한다. 이어서 SK하이닉스 966주를 매수해 투자자금의 5.27%가 편입되었다. 이런 순서에 따라 모든 종목의 주식수와 구성

비중이 매일 공시된다.

기관투자가는 CU당 구성 종목의 종목별 주식수를 전부 매수해 주식바스켓을 구성한다. 그리하여 이를 지정판매회사에 위탁하면 이 종목의 주식 10만주를 받는다. 또는 KODEX200의 전일 주당 기준가격 25,000원에 1CU인 10만주를 곱한 25억원을 지정판매회사에 납입하면, 지정판매회사가 주식시장에서 1CU에 속하는 종목별 주식수를 전부 매수해 주식바스켓을 구성해 준다.

기관투자가가 지정판매회사에 ETF 설정을 신청하면 현금이나 주식바스켓을 지정판매회사에 납입해야 한다. 이때 현금으로 납입하면 지정판매회사는 당초 ETF를 설계한 내역에 따라 주식을 매수해 바스켓을 구성한 후 수탁은행에 보관한다. 그러나 기관투자가가 지정판매회사에 주식바스켓을 납입하면 이를 그대로 수탁은행에 보관한다.

지정판매회사는 주식바스켓을 수탁은행에 보관한 후, 수탁은행이 발행한 납입증명서를 가지고 자산운용사에 ETF 주식 발행을 신청한다. 자산운용사는 수탁은행에 주식바스켓이 보관된 것을 확인한 후, ETF 주식을 발행해 지정판매회사에 제출한다. 이어서 지정판매회사는 수령한 주식을 해당 기관투자가의 증권계좌에 입고시킴으로서 설정 절차가 최종적으로 완료된다.

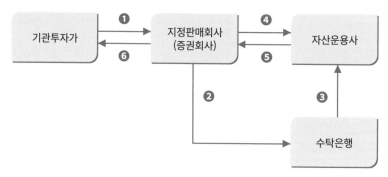

(도표 4-7) ETF의 설정 절차

❶ 기관투자가가 지정판매회사에 ETF의 설정을 신청하면서 현금을 납입하거나 주식바스 켓을 제출한다.

❷ 지정판매회사는 현금으로 납입된 자금으로 주식시장에서 주식을 매수해 설계된 내용에 따라 주식바스켓을 구성한다. 또는 기관투자가가 제출한 주식바스켓을 수탁은행에 납 입한다.

❸ 수탁은행은 지정판매회사가 납입한 주식바스켓을 보유하고 있다는 사실을 자산운용사 에 통보한다.

❹ 지정판매회사는 자산운용사에 ETF 주식의 신규 발행을 신청한다.

❺ 자산운용사는 ETF 주식을 발행해 지정판매회사에 제출한다.

❻ 지정판매회사는 해당 ETF의 주식을 기관투자가의 주식계좌에 입고한다.

ETF 설정과 환매 시 주의할 점

앞서 설명한 것처럼 발행시장에서 ETF 주식을 새롭게 발행하는 절차를 '설정'이라고 한다.

기관투자가는 보유한 ETF를 지정판매회사에 제출하고 PDF에 있 는 개별 주식을 돌려받을 수 있다. 이처럼 PDF를 구성하는 개별 주 식을 기관투자가에게 돌려주면, 자산운용사는 그 대가로 받은 ETF 주식을 반드시 소각(消却, 지워서 없애버림)해야 한다. 이처럼 ETF 주 식이 감소하는 절차를 '환매(還買)'라고 한다.

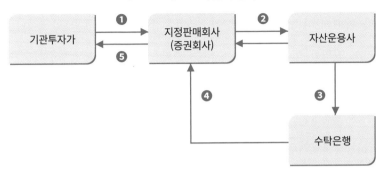

(도표 4-8) ETF의 환매 절차

❶ 기관투자가가 지정판매회사에 ETF의 환매를 신청한다.
❷ 지정판매회사는 자산운용사에 환매 신청을 통보한다.
❸ 자산운용사는 수탁은행에 지정판매회사의 환매 신청을 승인한다는 내용을 통보한다.
❹ 수탁은행은 지정판매회사에 주식바스켓을 출고하면서 그에 상응하는 ETF를 제출받아 소각한다.
❺ 지정판매회사는 수탁은행으로부터 받은 주식바스켓을 기관투자가의 주식계좌에 입고한다.

　상장법인이 증자하면 발행주식수가 늘어나고, 감자하면 발행주식수가 줄어든다. 이와 마찬가지로 ETF도 설정이나 환매가 이루어지면 발행 주식수가 늘어나거나 감소한다. 상장법인이 증자하면 주식수가 늘어나면서 주당이익이 줄어들어 주가가 하락하는 현상이 나타난다. 반면에 감자하면 주식수는 줄고 주당이익이 늘어나 주가가 상승하는 현상으로 이어진다.

　ETF도 설정과 환매에 따라 주식수가 증감하기 때문에 주가도 덩달아 변동한다고 오해하는 투자자가 간혹 있는데, 이는 사실이 아니다.

　자산운용회사는 사업을 통해 이익을 내는 게 아니라, 기초지수의 움직임에 따라 주가가 변동하는 페이퍼 컴퍼니이므로 ETF의 설정 및 환매에 따라 발행주식수가 늘거나 줄어도 해당 종목의 주가는 거의 영향을 받지 않는다. 오히려 추가 설정에 따라 발행주식수가 늘어나면, 기관투자가들이 개별 상장종목에 대한 투자보다 주가지수 투자에 관심이 많다는 것을 의미한다. 따라서 ETF가 인기를 끌면서 거래량이 늘기 때문에 투자자들에게 유리하다고 할 수 있다.

마찬가지로 ETF의 환매에 따라 발행주식수가 줄어들면 주가지수보다는 개별 종목에 대한 투자를 선호한다는 의미다. 따라서 ETF의 관심이 줄면서 거래량이 줄어들기 때문에 불리한 상황일 수 있다.

ETF 발행시장의 설정과 환매 절차를 정리해보면 (도표 4-7), (도표 4-8)과 같다.

04
ETF를 거래할 때
알아야 할 용어들

전문용어가 난무하는 유통시장

앞서 우리는 ETF 발행시장을 살펴보았다. 이번에는 유통시장에 대해 알아보기로 한다. 유통시장이란 기존에 발행된 ETF를 매수 또는 매도하는 주식시장을 말한다. 유통시장에서 해당 주식이 거래되어도 발행주식수는 변함이 없고, 단지 소유자만 변경된다.

투자자가 ETF를 매매하다 보면 다양한 전문용어를 접하게 된다. 그중 핵심 용어들을 이해하다 보면 유통시장에 좀 더 쉽게 접근할 수 있을 것이다.

가장 먼저 이해할 용어는 가격에 관련된 내용이다. 가격에는 이론가격, 시장가격, 기준가격 등 세 가지 유형이 있다. 이 세 가지 가격의 의미와 더불어 각 가격의 차이를 나타내는 괴리율과 추적오차

등의 용어에 대해 살펴보자.

(1) 이론가격

ETF의 '이론가격'은 자산운용사가 초기에 설정하는 기초지수에 배율을 곱해 결정한 주가를 말한다. 예를 들어 'KODEX200'은 코스피200에 대한 배율이 100배여서, 만약 코스피200이 250포인트라면 그 지수에 100을 곱한 25,000원 부근에서 주가가 형성된다.

해외 ETF는 기초지수에 배율을 곱하고 환율까지 감안해 가격을 결정한다. 예를 들어 'KODEX China H' 종목의 경우 기초지수가 11,700포인트이고 원/홍콩 달러 환율이 132원이라면, 이 종목의 주가는 기초지수에 가격 배율 0.01과 환율을 곱한 15,444원 부근에서 형성된다.

〈도표 4-9〉에 이론가격을 계산할 때 필요한, 기초지수에 대한 배율을 정리하였다.

각 ETF 종목이 추종하는 기초지수에 배율을 곱하면 이론가격이 산출되는 것을 알아보았다. 투자자가 이를 알아야 하는 이유는, 매매 여부를 결정할 때 이론가격과 현재 주식시장에서 형성된 주가를 비교하면 좀 더 쉽게 거래할 수 있기 때문이다.

(2) 시장가격 또는 주가

ETF의 '시장가격(market value)'은 주식시장에서 실시간 매수와 매도에 따라 결정되는 '주가'를 말한다.

(도표 4-9) ETF별 기초지수에 대한 배율

ETF 종목명	배율
KODEX200, KOSEF 200, TIGER 200	100배
KODEX 섹터 종목(예: KODEX 자동차, 반도체 등)	10배
KODEX 스타일 종목(예: KODEX KRX 100 등)	1배
KODEX China H	0.01배
TIGER 라틴, TIGER 브릭스	0.001배
KODEX Brazil	0.0002배

보통 개별 종목의 주가는 해당 기업의 경영실적이나 사업계획 등에 따라 독립적으로 변동된다. 그러나 ETF의 주가는 추종하는 기초지수의 움직임에 따라 종속적으로 변동된다. 추종하는 기초지수가 상승하면 ETF의 주가도 상승하고 반대로 기초지수가 하락하면 ETF의 주가 역시 하락한다.

일반적으로 ETF의 주가는 기초지수의 변동에 따라 움직이지만, 간혹 개별 종목의 주가와 마찬가지로 주식시장에서 매도 수량과 매수 수량에 따라 결정되기도 한다. 다시 말해, 주식시장에서 매수세가 강하면 주가는 상승하고, 매도세가 강하면 주가는 하락한다.

이처럼 ETF의 주가는 기초지수의 등락에 큰 영향을 받지만, 간혹 주식시장에서 ETF 종목들의 개별적인 매수세와 매도세에 따라 기초지수의 변동과 관계없이 움직이는 상황이 발생할 수 있다.

(3) 기준가격

ETF에서 '기준가격'이란 PDF를 구성하는 개별 종목들의 '1주당 가치'를 말하며, 각 종목의 기초자산 시가를 반영해 계산한다. 일명 순자산가치(NAV, Net Asset Value)라고도 한다.

기준가격은 순자산가치를 발행주식수로 나누어 계산한다. 여기서 순자산가치란 해당 ETF가 보유한 주식, 채권, 현금 등의 전체 자산총액에서 운용보수나 지수사용료 등 지급할 부채총액을 차감한 잔액을 말한다. ETF의 기준가격은 다음과 같이 계산한다.

ETF 기준가격 = 순자산가치 ÷ 발행주식수

순자산 = 총자산 — 총부채

총자산 = (PDF를 구성하는 기초자산의 보유 주식수 × 주가) + 현금 등

총부채 = ETF가 부담하는 운용보수, 지수사용료, 거래비용 등

자산운용사는 주식시장이 종료되면 기초자산의 종가를 이용해 기준가격을 계산하여, 다음 날 주식시장이 개장하기 전에 1회만 발표한다.

기준가격의 용도는 어떻게 될까? 발행시장에서 기관투자가들을 대상으로 ETF를 추가로 설정하거나 환매할 때 투자금액을 결정하는 데 기준가격이 활용된다.

(4) 실시간 기준가격

실제 ETF의 기준가격은 PDF에 편입된 기초자산의 주가가 변동

되면서 시시각각 달라진다. 기초자산의 주가가 올라가면 기준가격은 상승하고, 기초자산의 주가가 내려가면 기준가격 역시 하락한다.

그러나 기준가격은 전일 종가를 기준으로 하루에 한 번밖에 발표되지 않으므로 ETF의 기준가격은 실시간으로 변동하는 기초자산의 가격변화를 반영하지 못한다. 따라서 투자자들이 매매 여부를 결정하는 데는 기준가격이 큰 도움이 되지 못한다.

이런 문제점을 보완한 것이 '실시간 기준가격(INAV, Indicative or Intraday Net Asset Value)'이다. 주식시장이 열리는 오전 9시부터 오후 3시 30분까지 실시간으로 변동하는 기초자산의 시가를 반영해 10초마다 한 번씩 실시간 기준가격을 발표한다.

일반적으로 ETF의 주가는 INAV 근처에서 형성된다. 주가가 추가 상승할 것으로 전망되면 주가는 INAV보다 높게 형성되어 고평가 상태를 보인다. 반대로 주가가 하락할 것으로 예상되면 INAV보다 저평가 상태를 보인다. 투자자들이 주가의 등락을 점칠 때 INAV의 이런 메커니즘을 이해하면 도움이 될 것이다.

괴리율은 낮을수록 좋다

이론적으로 ETF의 주가와 기준가격은 정확히 일치해야 한다. 그러나 이론과는 달리 주식시장에서 주가와 기준가격은 차이가 있는데, 이를 '괴리율(disparate ratio)'이라고 한다. 괴리율은 주가가 기준가격을 어느 정도 충실하게 잘 따라가는지를 나타내는 지표 역할

| 주가 | ≠ | ETF의 기준 가격 |

괴리율

괴리율 = (주가 − 기준가격) / 기준가격 × 100

을 한다.

이와 관련된 실제 사례를 예로 들어보자. 만약 주가가 10,000원이고 기준가격이 9,000원이면 괴리율은 +11%로 나타난다. 이처럼 주가가 기준가격보다 높으면 괴리율은 플러스(+)로 표시된다. 반대로, 주가가 10,000원이고 기준가격이 11,000이면 괴리율은 (−)9%로 표시된다. 이처럼 주가가 기준가격보다 낮으면 괴리율은 마이너스(−)로 표시된다.

그렇다면 투자자들은 괴리율을 어떻게 해석해야 할까? 괴리율이 낮을수록 주가는 기준가격 근처에서 거래된다는 의미다. 반면에 괴리율이 높을수록 주가는 기준가격에서 많이 벗어나서 거래된다는 뜻이다. 괴리율이 적은 ETF일수록 시세를 정확히 반영하는 좋은 상품이라 판단할 수 있다.

괴리율은 왜 발생하는 것일까? ETF가 거래되는 주식시장과 PDF를 구성하는 기초사산이 거래되는 주식시장이 별개로 이루어지는데 근본적인 원인이 있다. 예를 들어 주가지수가 상승해 기준가격이 올라가는데도, ETF의 매도세가 강하면 주가가 하락하면서 괴리율이 크게 벌어진다.

거래가 활발하게 이루어지는 ETF에서는 보통 괴리율이 거의 발생하지 않는다. 괴리율이 크게 나타나는 이유는 해당 ETF의 매매수량이 적거나 혹은 호가별 간격이 너무 크게 벌어져 거래가 제대로 이루어지지 않기 때문이다. 일례로 KODEX200의 괴리율을 (도표 4-10)에 정리해보았다. 괴리율을 통해 이 상품을 평가해보자.

여기서 NAV는 순자산가치를 의미하며 기준가격으로 보면 된다. 괴리율은 주가가 고평가되었는지 혹은 저평가되었는지를 보여준다. 현재 대부분의 괴리율은 모두 마이너스 상태이므로 주가는 저

(도표 4-10) KODEX200의 괴리율과 추적오차

날짜	종가	NAV [1]	괴리율 [2]	추적오차율 [3]	위험평가액 비율 [4]
2020.08.03	29,930	29,998	-0.23%	0.59%	N/A
2020.07.31	29,930	29,985	-0.18%	0.59%	N/A
2020.07.30	30,170	30,239	-0.23%	0.59%	N/A
2020.07.29	30,185	30,179	+0.02%	0.59%	N/A
2020.07.28	30,030	30,123	-0.31%	0.59%	N/A
2020.07.27	29,415	29,459	-0.15%	0.59%	N/A
2020.07.24	29,135	29,174	-0.13%	0.59%	N/A
2020.07.23	29,295	29,345	-0.17%	0.59%	N/A
2020.07.22	29,470	29,513	-0.14%	0.59%	N/A
2020.07.21	29,580	29,624	-0.15%	0.59%	N/A

(주1) NAV는 ETF의 순자산가치로, 이론적인 적정가격에 해당
(주2) 괴리율은 NAV와 시세의 차이를 나타내는 지표로, 시세가 고평가 또는 저평가 되었는지를 보여줌
(주3) 추적오차율은 기초지수를 얼마나 잘 추종하는지 보여주는 지표로, 오차범위가 낮을수록 ETF가 잘 운용된다고 볼 수 있음
(주4) 위험평가액 비율은 합성 ETF에 대해서만 제공되며, 5%를 넘어설 경우 위험하다고 볼 수 있음

평가되었다고 할 수 있다. 또한, 괴리율이 0.1~0.4에서 형성되고 있는 만큼 괴리 상태가 매우 낮다고 할 수 있다. 즉 KODEX200은 투자하기에 상당히 좋은 상품이라고 판단할 수 있다.

이때 추적오차율은 기초지수를 얼마나 잘 추종하는지 보여주는 지표로 오차범위가 좁을수록 잘 운용된다고 판단한다. 위험평가액 비율은 선물이나 옵션 등 파생상품에 투자하는 ETF의 이름에 '합성'이라는 용어를 사용하는 종목에 대해서만 제공되며, 5%를 넘어서면 위험하다고 인식한다.

ETF의 괴리율이 너무 높으면 투자자는 손실을 볼 가능성이 크다. 따라서 ETF를 고를 때 괴리율과 거래량을 반드시 확인해야 한다.

(1) 괴리율에 따른 손실의 안전망

보통 주식시장이 침체되면 거래량이 줄어들면서 괴리율이 높아지는 현상이 나타난다. 이 경우 투자자는 보유한 ETF를 매도하고자 해도 매도할 수 없고, 매도한다 해도 아주 낮은 가격을 받을 수밖에 없다. 이런 문제점을 해결하기 위해 만들어진 것이 유동성 공급자(LP, Liquidity Provider)라는 제도다.

유동성 공급자는 일정 수준의 호가 범위 안에서 매수와 매도 수량을 동시에 제공하는 증권회사를 말한다. 주식 거래가 원활하게 이루어지도록 임무를 수행하는 것이다.

이 같은 LP 덕분에 투자자는 주식시장이 열리는 동안 기준가격에서 크게 벗어나지 않는 가격으로 거래할 수 있다. 주식의 매매 수량이 적은 ETF라 하더라도 유동성 공급자가 있으므로 언제라도 편하게 매매할 수 있다.

(2) LP의 호가 간격 조정

주식시장에서 호가 스프레드는 '최우선 매수호가'와 '최우선 매도호가'의 차이를 말한다. 최우선 매수호가란 매수하고자 하는 호가 중에서 가장 높은 가격을, 최우선 매도호가란 매도하고자 하는 호가 중에서 가장 낮은 가격을 말한다.

ETF는 최소 5원 단위로 호가를 제시할 수 있다. 만약 호가 스프레드가 5원이라면 유동성이 가장 양호한 종목이다. 반면에 호가 스프레드가 5원 이상으로 벌어지면 벌어질수록 매매가 원활하지 않은 종목이라 보면 된다.

ETF에 투자하다 보면 '호가 스프레드 비율(spread ratio)'이라는 말을 들어보았을 것이다. 이는 호가 간격을 뜻하는 말로, 호가 스프레드 비율이 1%를 초과하면 LP는 5분 이내에 양방향 호가를 최소 100주 이상 의무적으로 제공해야 한다.

KODEX200의 최우선 매도호가가 27,000원이고 최우선 매수호가가 26,000원이라고 가정해보자. 이 경우 호가 간격이 1,000원으로 벌어져 스프레드 비율은 1%를 초과한 3.85%로 나타난다. 다음 공식을 참조하라.

스프레드 비율 = (최우선 매도호가 − 최우선 매수호가) ÷ 최우선매수호가 × 100
⇒ (27,000 − 26,000) ÷ 26,000 × 100 = 3.85%

이 경우 LP는 호가 간격을 최우선 매수호가인 26,000원의 1%인 260원 이내로 낮추기 위해 추가로 매매주문을 내야 한다. 즉 최우선 매도호가보다 낮은 매도호가를 내거나 혹은 최우선 매수호가보다 높은 매수호가를 제공함으로써 호가 간격을 260원 이내로 좁혀야 할 책임이 있다.

LP는 주식시장 개장 직후인 오전 9시 10분부터 폐장 직전인 오후 3시 20분까지 유동성 공급의무를 진다.

추적오차도 낮을수록 좋다

ETF가 기초지수를 충실히 추종하고 있는지를 보여주는 또 다른 지표로 추적오차(tracking error)가 있다. 예를 들어 KODEX200의 경우 코스피200이 10% 상승하면 ETF의 주가도 정확히 10% 만큼 올라야 한다. 반대로 코스피200이 하락하면 같은 비율만큼 ETF의 주가도 하락해야 한다. 그러나 실제로 기초지수와 ETF의 주가는 차이를 보인다. 그 차이가 바로 추적오차다.

기초지수 ≠ ETF의 기준가격

추적오차

추적오차를 계산하는 공식은 다음과 같다.

$$추적오차율(\%) = (기초지수 - 기준가격) \div 기초지수 \times 100$$

만약 기초지수가 245포인트(24,500원)이고 기준가격이 25,000원이면 추적오차는 -2%로 나타난다. 이처럼 기초지수가 기준가격보다 낮으면 추적오차는 마이너스(-)로 표시된다.

반면에 기초지수가 255포인트(25,500원)이고 기준가격이 25,000원이면 추적오차는 +2%로 나타난다. 이처럼 기초지수가 기준가격보다 높으면 추적오차는 플러스(+)로 표시된다.

그렇다면 추적오차는 왜 발생하는 것일까? ETF는 기초지수를 완전히 복제하는 것이 아니라 부분 복제하기 때문에 그렇다. 일반적으로 펀드나 ETF는 당초 목표로 하는 기초지수를 추종하기 위해 해당 기초지수에 포함되는 개별 종목을 시가총액 비율에 따라 정확히 구성해야 한다. 이를 '복제(replication)'라고 한다.

KODEX200이 기초지수를 정확히 따라가려면, 코스피200에 포함된 200개의 종목을 시가총액 비중과 동일한 비율에 맞춰 기초자산으로 편입해야 한다. 예를 들어 코스피200에서 삼성전자가 차지하는 비중이 30%라면 ETF도 순자산 기준으로 투자자금의 30%가 되도록 매수해야 한다.

그러나 문제는 ETF에 편입되는 종목이 많으면 관리가 어렵다는 것이다. 예를 들어 개별 종목이 증자, 감자, 합병 등과 같이 자본금이 변경되면 이에 맞춰 일일이 조정해야 할 업무가 많아진다. 코스피200을 구성하는 개별 종목의 주가가 변동되어 구성 비율이 바뀌거나 기존 종목이 빠지면 매도하고, 신규 종목이 편입되면 매수해야 한다. 이 경우 매매수수료나 증권거래세 등의 거래비용이 발생한다.

따라서 펀드매니저는 업무를 간소화하면서 비용을 줄이기 위해 '완전복제'가 아닌 '부분복제'를 택하게 된다. 코스피200에 포함된 200개 종목 중 시가총액이 큰 순서로 최소 50개 이상 최대 100개 종목 이내로 ETF를 구성하는 방식이다. ETF를 구성하는 종목의 주가등락률과 코스피200의 등락률에 차이가 발생하는 것은 이 때문이다.

추적오차가 발생하는 또 다른 이유는 ETF가 배당금을 받아 일정 기간 적립하기 때문이다. 주식형 ETF는 수많은 개별 상장회사 주식을 담은 바스켓이므로, 해당 상장회사로부터 분기별 또는 연간 배당금을 받는다. ETF는 보유 자산에서 주가 차익 외에도 부수적인 수익이 별도로 발생한다. ETF의 부수익을 정리하면 다음과 같다.

- 보유 주식에서 발생하는 배당금 수익
- 보유 채권에서 발생하는 이자수익
- 여유 현금 운용 이익

일반적으로 상장회사마다 배당금이나 이자를 지급하는 시기는 다르다. 따라서 주식형 ETF는 일정 기간 받은 배당금을 적립했다가,

운용비용을 공제한 뒤 남은 금액이 있으면 분배금으로 지급한다.

주식형 ETF의 경우 약간 차이가 있지만 매년 1월, 4월, 7월, 10월 말일에 소유자별 증권계좌에 분배금을 현금으로 입금한다. 채권형 ETF는 매년 3월, 6월, 9월, 12월 초순과 중순에 분배가 이루어진다.

이런 절차에 따라 분배금을 지급하면 ETF 주가는 이론적으로 분배금만큼 하락하는데 이를 '분배락(分配落)'이라고 한다. 분배락 전날까지 ETF를 보유한 투자자가 분배금을 받는 효과가 발생한다. 이처럼 배당금을 받아 이를 분배하기 전까지 기준가격이 기초지수보다 높게 나타난다. 그 결과 추적오차가 발생한다.

끝으로 다양한 관리비용 때문에 ETF의 추적오차가 발생하기도 한다. 펀드매니저가 ETF를 운용하다 보면 주식매매수수료, 기초지수 사용료, 수탁은행의 보관수수료, 광고 및 판촉비용 등 다양한 부대비용이 발생한다. 이런 부대비용 때문에 기준가격이 기초지수보다 낮게 나타나고 그 결과 추적오차가 발생한다.

레버리지와 인버스 투자자를 위한 팁

레버리지 ETF는 기초지수가 5% 변동하면 주가가 10%로 움직이는 종목이라는 것을 앞서 살펴보았다. 예를 들어 KODEX레버리지(종목코드: 122630)는 코스피200이 5% 상승하면 이 종목의 주가가 10% 상승하고, 반대로 코스피200이 5% 하락하면 주가가 10% 하락하는 방식으로 설계되어 있다.

(도표 4-11) 레버리지 ETF의 일일 수익률과 기간 수익률

	코스피 200		레버리지 ETF		
	기초지수 (포인트)	일 수익률 (%)	기준가격 (원)	일 수익률 (%)	수익률(%)
기준일	200		20,000		
1일	190	-5	18,000	-10	200
2일	195.7	+3	19,080	+6	200
3일	203.5	+4	20,606	+8	200
누적		+1.7		+3.0	176

이때 유념할 것은 레버리지 ETF가 추종하는 것은 기초지수의 하루 동안의 수익률이지, 일정 기간의 수익률이 아니라는 점이다.

(도표 4-11)과 같이 상황별로 일일 변동률과 투자 기간 수익률 간에는 차이가 발생한다. 기초지수 수익률에서 반비례하는 인버스 ETF 역시 레버리지 ETF와 마찬가지로, 기초지수 수익률에서 정확히 1배 반비례하는 방식으로 움직이지는 않는다.

이 사례에서 볼 수 있듯이, 레버리지 ETF의 일 수익률은 코스피 200의 일 수익률을 정확히 200% 추종하고 있다. 그러나 3일 동안의 누적수익률을 살펴보면 레버리지 ETF는 3.0%로 나타난다. 즉 코스피200의 상승률 1.7%의 2배(3.4%)에 약간 못미치고 있다. 달리 말해, 기초지수 변동에 따라 레버리지 효과는 200%가 되어야 하는데, 그보다 못한 176%에 그치고 있다.

레버리지 ETF는 기초지수가 급등락하는 상황보다는 상승 추세에 좀 더 적합하다. 다시 말해, 기초지수가 지속해서 상승하는 구간에

(도표 4-12) 상승세에서의 일일 수익률과 기간 수익률

	코스피 200		레버리지 ETF		
	기초지수 (포인트)	일 수익률 (%)	기준가격 (원)	일 수익률 (%)	수익률(%)
기준일	200		20,000		
1일	210	+5	22,000	+10	200
2일	231	+10	26,400	+20	200
3일	254	+10	31,680	+20	200
누적		+27		+58.4	216

는 기초지수의 상승률에 매일 2배의 수익률이 발생하면서 더욱 높은 투자수익을 기록한다. 이는 마치 원금에 이자를 더해 수익이 늘어나는 '복리효과'와 같다. (도표 4-12)를 보면 코스피200은 3일동안 27% 상승했지만, 레버리지 ETF는 58.4%가 오름으로써 그 배율이 200%를 넘는 216%로 나타난다.

반면에 기초지수가 우하향하면서 지속적으로 하락하는 구간에서 레버리지 ETF는 그 손실 폭이 2배 미만으로 줄어든다. 예를 들어 (도표 4-13)에서 보듯이, 3일간 코스피200은 23% 하락했지만 레버리지 ETF는 42.4%가 내려, 그 배율은 200%에 약간 못 미치는 184%로 나타난다. 하지만, 주가지수가 하락세일 때 레버리지 ETF에의 투자를 극도로 제한할 필요가 있다. 예를 들어, 이 레버리지 ETF에 투자해서 발생한 42.4%의 손실을 복구하려면 주가가 무려 74%(=42.4%/57.6%) 상승해야 하기 때문이다.

원래 레버리지와 인버스 ETF는 일일 기준으로 기초지수 등락률

(도표 4-13) 하락세에서의 일일 수익률과 기간 수익률

	코스피 200		레버리지 ETF		
	기초지수 (포인트)	일 수익률 (%)	기준가격 (원)	일 수익률 (%)	수익률(%)
기준일	200		20,000		
1일	190	-5	18,000	-10	200
2일	171	-10	14,400	-20	200
3일	154	-10	11,520	-20	200
누적		-23		-42.4	184

의 2배 또는 (-)1배의 수익률을 추종하는 방식으로 운용된다. 따라서 전날 ETF 주가가 기초지수 변동률의 2배 또는 (-)1배에 연동하도록 자산을 구성하고, 다음 날 역시 기초지수 수익률의 비율에 맞춰 조정한다. 만약 기초지수가 방향성이 없이 심하게 등락하는 장세라면 이들 종목을 장기간 보유하다가 손실을 볼 가능성이 커진다.

한편, 레버리지 ETF의 PDF를 살펴보면 다른 자산운용사의 유사한 ETF를 편입한 것을 종종 볼 수 있다. 예를 들어 'KODEX 레버리지(종목코드: 122630)'의 PDF에는 경쟁 상품인 'KOSEF200(종목코드: 069660)'과 'KINDEX200(종목코드: 105190)'이 동시에 편입되어 있다. 코스피200을 부분복제로 추종해 추적오차를 최소화하기 위해 그렇게 한 것이다.

ETF도 상장 폐지될 수 있다?

상장회사는 일정한 사유(부도, 파산, 적자 등)가 발생하면 상장이 폐지된다. 이와 마찬가지로 ETF 역시 상장 폐지될 수 있다. 상장 폐지되는 경우는 다음과 같다.

첫째, ETF가 상장되려면 자본금이 100억원 이상이고 발행주식수가 10만주 이상이어야 한다. 그러나 상장 이후 기관투자가들이 환매하면서 자본금이 50억원 미만으로 줄거나 상장주식수가 5만주 미만으로 감소한 상황이 3개월 지속되면 상장이 폐지된다.

둘째, 자산운용사는 ETF의 매매를 활성화하기 위해 최소 1개 사 이상의 지정판매회사와 유동성 공급자를 유지해야 한다. 그런데 상장 이후 1년이 경과한 시점에 주주의 숫자가 100명 미만이거나 유동성 공급자가 없어지면 상장이 폐지된다. 이는 ETF 매매가 부진한 상황에 주로 발생한다.

셋째, ETF의 괴리율이 3%를 초과한 상태가 10일간 계속되거나 최근 3개월간 20일 이상 나타나도 상장이 폐지된다. 다시 말해 유동성 공급자가 역할을 제대로 수행하지 못해 괴리율이 크게 벌어지면 제제 차원에서 상장을 폐지한다는 뜻이다.

마지막으로 추적오차율이 10%를 초과해 3개월간 지속돼도 상장이 폐지된다. 자산운용사는 ETF의 수익률이 기초지수의 수익률을 충실하게 추종하도록 운용할 책임이 있는데, 자산운용사가 이런 역할을 제대로 수행하지 못하면 제제 차원에서 상장을 폐지한다는 뜻이다.

ETF가 이런 요건에 따라 상장 폐지되면 다음 절차를 따른다.

ETF 보유자는 한국거래소에서 정한 정리매매 기간 동안 해당 ETF를 매도한다. 만약 정리매매 기간에 매도하지 않았으면, 자산운용사는 ETF가 보유한 자산을 매각해 현금으로 돌려주거나 혹은 PDF에 편입된 주식을 환매 방식에 따라 분배한다.

안전하게 분산투자 효과를 누려라

주가지수 연동상품이어야 하는 이유

지금까지 설명한 ETF를 총정리하고 개인투자자가 주식보다 ETF에 투자해야 하는 이유를 이야기하겠다.

개인투자자가 증권회사나 은행에서 펀드에 가입할 때는 신규 계좌를 만들어야 한다. 그러나 ETF는 펀드와 달리 증권계좌만 있으면 따로 신규 계좌를 열 필요가 없다.

ETF는 주식시장이 열리는 동안에는 언제라도 실시간으로 매수 또는 매도할 수 있다. 매수나 매도가 이루어지자마자 그 거래 사실을 즉시 확인할 수 있는 것도 장점이다. 대금 결제는 매매가 이루어진 날로부터 2영업일에 이루어진다. 이때 주식은 예탁기관에 예탁되어 계좌 대체를 통해 인수 및 인도가 이루어진다.

ETF는 기초지수의 변동에 따라 수익률이 결정되는 '지수연동형 금융상품'이다. 따라서 기초지수가 변동함에 따라 ETF 종목의 주가가 결정된다. 정비례하는 ETF 종목은 주가지수가 상승하면 해당 종목의 주가도 상승하고, 주가지수가 하락하면 해당 종목의 주가도 하락한다. 레버리지 ETF는 기초지수의 변동률에 2배 수익률이 발생하는 상품이다. 반비례하는 ETF는 정비례 ETF와는 반대 현상이 발생한다. 주가지수가 하락해도 이익이 발생하는 반비례 상품은 ETF의 또 다른 장점이다.

분산투자가 안정적이다

ETF는 기초지수를 구성하는 종목 위주로 투자회사를 만들어, 이를 바탕으로 주식을 발행한다. 따라서 ETF를 매수하면 기초지수를 구성하는 전체 종목을 매수한 것과 같은 효과를 볼 수 있다. 적은 금액으로도 분산투자 효과를 볼 수 있다는 의미이다. 즉 투자자는 주가지수의 등락 비율과 동일한 수익률을 얻을 수 있다.

초보자에게 ETF가 적합한 이유는 개별 종목에 대한 정보나 분석이 없어도 투자할 수 있기 때문이다. 주식시장의 전반적인 흐름만 판단해 손쉽게 ETF에 투자하면 높은 수익률을 거둘 수 있다.

ETF는 주식시장 전체의 상황에 따라 수익률이 결정된다. 따라서 개별 종목에 투자하면서 나타나는 위험과 가격의 변동성이 적다. 안정을 추구하는 투자자에게 ETF가 유리한 이유다.

투자한 회사의 영업실적이 악화되거나 파산하는 일이 발생하면 주가가 폭락하는 것은 당연한 일이고 해당 회사는 상장 폐지될 수도 있다. 그 회사 주식은 휴짓조각이 되므로 이 종목에 개별 투자한 투자자들에게는 난처한 일이 아닐 수 없다.

그러나 ETF는 여러 종목에 분산투자하기 때문에 투자위험을 크게 줄일 수 있다. 국내 주식시장이 망하지 않는 한 ETF 주가가 크게 폭락할 일은 없고, 결국 주식의 가치가 소멸할 가능성도 거의 없다.

저렴하고 투명하며 편리하다

주식형 펀드는 자산운용사가 투자자들로부터 현금을 납입 받아 주식을 매매하는 방식으로 운용되기 때문에 비용이 많이 발생한다. 주식형 펀드 수수료 또한 비교적 비싼 편으로 연 1~3%에 해당한다. 그러나 ETF는 운용수수료가 연 0.23~0.66%로 비교적 저렴하다. 기관투자가가 자산운용사의 주식바스켓에 편입된 주식을 납입하는 방식이기에 그렇다. ETF를 매도할 때는 거래대금의 0.25%에 해당하는 증권거래세가 면제되므로 거래비용을 최소화할 수 있다.

거래가 투명하다는 점도 ETF의 장점이다. 자산운용사는 ETF를 운용하면서 모든 자료를 공시할 의무가 있다. 특히 ETF의 주가는 주가지수의 움직임을 충실히 반영할 뿐만 아니라 펀드를 구성하는 주식바스켓의 내역과 기준가격 등을 매일 공시하기 때문에, 개별 종목에 비해 상품의 투명성이 높다.

게다가 ETF는 언제라도 손쉽게 매매할 수 있다. ETF는 주식시장에서 거래를 활성화하기 위해 유동성 공급자(LP)제도를 운용하고 있다는 점을 앞서 살펴보았다. LP는 호가 스프레드가 기본 단위에서 10배 이상 확대되면 의무적으로 호가를 제출할 책임이 있다. 이에 따라 거래가 활발하지 않은 ETF라 하더라도 언제라도 손쉽게 매도하거나 매수할 수 있다.

일반 펀드는 가입 후 3개월 이내에 환매하면 통상 이익의 70%를 환매수수료로 내지만, ETF는 언제 매도해도 환매수수료가 발생하지 않는다. 이 역시 ETF의 장점이다.

부담 없는 거래와 배당 수익

경제 상황이 예기치 않게 악화되면서 주가가 장기 하락세로 이어질 때가 있다. 이 경우 개별 종목에 직접 투자한 투자자들은 어쩔 수 없이 주식을 매도할 수밖에 없는 상황에 봉착한다. 그러나 ETF는 반비례 종목이 있어서 시기를 잘 선택해 매수 또는 매도하면 수익을 극대화할 수 있다.

주식시장이 활황을 보이면서 장기적으로 우상향하는 경우 레버리지 ETF를 매수하면 좀 더 높은 수익률을 얻을 수 있다.

ETF는 대차거래 서비스가 있어서 부담이 한결 적다. 대차거래 서비스란 주가 하락이 전망될 때 증권회사로부터 주식을 빌려 공매도한 후 예상한 대로 주가가 하락하면 낮은 가격에 다시 매입해 상환하는 제도를 말한다.

ETF도 일반 주식처럼 분기마다 배당 수익을 얻는다. ETF는 주식 바스켓에 포함된 개별 종목들로부터 받는 배당금에서 신탁보수 및 운용에 필요한 비용을 뺀 분배금을 분기마다 지급하고 있다. 주가 차익 외에도 배당 수익을 챙길 수 있는 것은 ETF의 또 다른 장점이다.

자! 이제부터 자신감을 갖고 주가지수(ETF)에 투자해보자.

찾아보기

ㄱ

가치주형 240

개방형 적립식 펀드 236

개방형 펀드 244

갭 상승 100

갭 하락 100

경제성장과 주가 202

고위험 고손실 4

고정자본형성 205

골드크로스 113

공매도 58

괴리율 265

국가별 주가지수 37

국제결제은행 182

그물차트 116

금리와 주가 189

금모으기운동 235

기술주섹터 73

기준가격 264

기준금리 192

기준선 139

ㄷ

단기매매 106

달러 캐리 트레이드 197

대주 58

대형주형 240

더블 인버스 종목 61, 66

데드크로스 113

도입기 213

ㄹ

레버리지 75, 81, 273

레버리지 ETF 276

레버리지 종목 47

ㅁ

매도세 127, 138

매도세력 98

매매신호의 실패 137

매수세 127, 138

메커니즘 265

무역수지 악화 179

무역수지와 주가 163

미국 연방준비은행

ㅂ

바이 코리아 펀드 234

반비례 종목 87

배당주형 240

복제 271

봉차트 96

비유동주식 35

ㅅ

사업보고서 14

상대강도지수 128, 149

상장시가총액법 21

상장지수펀드 44, 234

상하한가 제도 5

서킷브레이커 6

선차트 98

선행스팬1 139

선행스팬2 139

성숙기 213

성장기 213

성장주형 240

섹터 72

소비지출 203

쇠퇴기 213

순수출의 하락 203

순자산가치 264

스토캐스틱 132

슬로우 스토캐스틱 136

시가총액 68

시가총액비교법 26

시그널 라인 123

시장 특성분석법 127

시장가격 262

ㅇ

액티브펀드 245

양운 144

양적 완화 196

엔고 167

오실레이터 128

외채 급증 179

외환위기 158

월봉차트 103

유가증권시장 20

유동성 33

유동성 공급자 268

유동주식 35

음운 144

이격도 115, 148

이동평균법 98

이동평균선 106

이론가격 262

인덱스펀드 245

인버스 87

인사이트 펀드 237

일목균형표 138

일목균형표의 구름 143

일봉차트 101

중간값 140

중소주형 240

ㅈ

자산운용사 277

작전주 13

장기 국고채형 240

장기 투자 220

장대 양봉 99

장대 음봉 99

장외시장 208

저가 부실주 13

저달러 167

저위험 저수익 6

저유가 167

저유가 현상 166

저항선 144

적립식 펀드 236

전환선 139

정비례하는 종목들 38

제품 수명주기 208

주가수익배수 220

주가지수 20

주당순이익 220

주봉차트 103

주식시장 12

주식의 매매원칙 153

주식형 펀드 239

주식형과 채권형 239

ㅊ

채권형 펀드 240

총발행주식 35

추적오차 270

ㅋ

캐즘 217

캔들차트 98

코넥스시장 20

코스닥150 72

코스닥시장 20

코스닥지수 68

코스탁시장의 상장종목 72

코스피 20, 28, 68

코스피200 2배 반비례 종목 61

코스피200 32, 91

코스피200의 업종 34

코스피의 변동 사이클 158

코스피의 시가총액 70

코스피의 제1사이클 163

코스피의 제2사이클 174

코스피의 흐름 160, 225

ㅌ

테마주 열풍 212

테마주 투자 208

투자지출 203

ㅍ

패스트 스토캐스틱 150

펀드 234

펀드매니저 245

평균주가계산법 25

폐쇄형 펀드 244

플라자협정 167

ㅎ

한국거래소 20, 36, 211

해외 펀드 238

호가 스프레드 비율 268

혼합형 펀드 240

환매 258

환율과 주가 174

환헤지 243

후행스팬 139

123

10일 이동평균 108

1배 반비례 종목 54

1배 정비례 종목 40 75

2배 반비례 종목 수익률 63

2배 정비례 종목 81

2배 정비례하는 투자 종목 52

3저 현상 166

5일 이동평균 106

ABC

CU 255

EPS 220

ETF 44, 45, 234

EV/EBIDTDT 16

FRB 195

GDP 206

IT버블 193

KODEX 43

KODEX200 41, 48

KODEX레버리지 48

KODEX인버스 54

KODEX코스닥150 76

LP 268

MACD 120

NAV 267

PBR 16

PER 16, 220

PMAO 117

RSI 127